北京电子科技职业学院国家
示范性高职院校建设项目成果

——金融保险重点专业及专业群系列教材

房地产估价与经纪业务

（学生用书）

戚瑞双　主　编
刘新华　副主编

中国财政经济出版社

图书在版编目（CIP）数据

房地产估价与经纪业务 / 戚瑞双主编. —北京：中国财政经济出版社，2010. 2

北京电子科技职业学院国家示范性高职院校建设项目成果. 金融保险重点专业及专业群系列教材. 学生用书

ISBN 978 - 7 - 5095 - 1910 - 3

Ⅰ. 房…　Ⅱ. 戚…　Ⅲ. ①房地产 - 价格 - 评估 - 高等学校：技术学校 - 教材②房地产业 - 经纪人 - 高等学校：技术学校 - 教材　Ⅳ. F293. 3

中国版本图书馆 CIP 数据核字（2009）第 220219 号

责任编辑：刘景梅　　　　责任校对：杨瑞琦

封面设计：邹海东　　　　版式设计：汤广才

中国财政经济出版社出版

URL：http：//www. cfeph. cn

E - mail：cfeph@ cfeph. cn

社址：北京市海淀区阜成路甲 28 号　邮政编码：100142

发行处电话：88190406　财经书店电话：64033436

北京中兴印刷有限公司印刷　各地新华书店经销

787 × 1092 毫米　16 开　10. 75 印张　261 000 字

2010 年 4 月第 1 版　2010 年 4 月北京第 1 次印刷

印数：1—1 000　　定价：22. 00 元

ISBN 978 - 7 - 5095 - 1910 - 3/F · 1596

（图书出现印装问题，本社负责调换）

本社质量投诉电话：010 - 88190744

序　言

作为1999年教育部首批建设的高等职业院校之一，十年来我们始终不懈地在探索适合高等职业教育的模式。目前金融保险重点专业及专业群已形成以就业为导向、以岗位能力培养为核心、校企合作、学训一体的人才培养模式。

教学与实训是人才培养的重要内容，应用其中的教材起着关键的作用。我们认为高职教材应具有以下特色：

1. 体现社会对职业的要求。高职教材必须体现职业对从业人员的相关要求，教材编写要以提高学生职业素质为中心，明确每章教学应达到的素质目标、知识目标、技能目标和能力目标，并据此调整相应的内容，以强化课程教学的针对性和应用性，使学生毕业后即能够适应企业工作的需要。

2. 体现岗位对技能的要求。由有实践经验的教师和行业中的专家，按照工作岗位的实际需要，对岗位要求层层加以分解，确定从事这一岗位工作所应具备的能力，从而明确培养目标。按照教学规律，将相同、相近的各项能力进行总结、归纳，构成各种不同的教学模块，制定教学大纲，依此来组织教材的结构和内容。教材强调以工作岗位所需职业能力的培养为核心，保证了职业能力培养目标的实现。

3. 适应高职学生的特点。教材编写要密切关注学生的特点，注重教材的适应性。目前高职学生的生源由中职生为主转向以高中生为主，学生的文化基础素质得以提高，根据这一变化，教材编写应跟随时代新技术的发展，摒弃过时陈旧的内容，将新方法、新规范、新标准编入教材，使学生毕业后具备从事专业技术工作和管理工作的能力。

4. 便于组织教学。在结构上，理论讲述、案例分析、综合实训相结合。充分运用表格、结构图、流程图和案例等形式表现教学内容。可以进行网络学习的电子化教材要与纸质教材配合使用。

在总结以上高职教材特点的基础上，我们组织了由教师和企业专家共同组成的教材编写委员会，经过了长时间的企业调研、课题研讨、样章试用、师生反馈等过程，编写出了本系列教材。

北京电子科技职业学院国家示范性高职院校金融保险重点专业及专业群建设项目由徐秀艺主持，张晖任系列教材建设负责人，设计了系列教材编写模式。本系列教材包括金融保险专业教材30种，专业群教材16种，教材配有相应的多媒体电子出版物。

教材编写的适用程度如何，需要通过教学实践的检验，使之不断地提高与完善。衷心希望聆听各方面的意见，以利改进我们的教材与教学，更以利于高职教育的发展。

2009年10月

前 言

2006年，北京市电子科技职业院校被批准进行高职示范校建设。2007年，该校经济管理系金融保险专业作为5个专业之一被批准进行示范校全国重点专业建设。作为金融保险专业的辐射专业群，资产评估与管理专业拿出2门核心课程进行基于工作过程的课程改革。房地产估价与经纪业务是2门课之一。本教材是该课程进行课程改革的配套教材之一——学生用书。它具有以下几个特点：

1. 以岗位设置为基础。在进行课程改革之前，资产评估专业就学生能够在房地产估价和房地产经纪中工作的岗位进行了广泛的调研，并进行了详细的论证与分析。在此基础之上，归纳出高职学生在该行业所能够就业的岗位，以这个岗位为基础设计教学内容和教学过程，编写教材。

2. 以工作过程为主线。无论是在项目的设计上，还是任务的设计上，均以实际操作的工作过程为准，强调工作的程序和步骤。通过相似工作步骤的不断重复，使学生熟练掌握该业务的操作方法和技能。

3. 以典型工作任务为载体。在定岗的基础上，结合房地产估价与经纪工作的实际，我们提炼出了8个典型业务项目，针对每个典型业务，又提炼出具体的典型工作任务，以此为载体，进行教学、训练内容和过程的设计。

4. 以学生能上岗顶用为目标。本教材强调学生在学习过程中的主体地位，强调学生的实际操作性，强调学生学习的技能目标，即通过按照本教材设计的内容进行学习和训练后，学生不仅可以掌握“够用”的理论，更重要的是到企业对应岗位后能够很快“上手”，业务能力较强。

基于以上几个特点，本教材适合高职房地产经营与估价专业、资产评估与管理专业、物业管理专业等专业的学生在相对应的实训课程或理论实务一体化课程中使用，也可供刚刚到以相关业务为主的房地产估价机构或房地产经纪机构工作的员工作为工作参考。值得注意的是由于房地产估价与经纪工作区域性强，各地政策不同，在使用本教材时请注意结合本地实际情况进行相关内容的调整。

在本教材的编写过程中，我们得到了北京电子科技职业学院以及经济管理系相关领导的大力支持。同时我们也荣幸地得到了北京龙泰房地产评估有限公司、北京华源房地产土地评估有限公司等领导的大力支持。此外，我们广泛参考了相关教材和资料。在此书稿交付之际，我们一并敬致谢忱。

我们深知，在高职教育的课程改革中我们刚刚迈出了一小步，任何改革和创新都是需要勇气和坚持的，我们已经做好了长途跋涉的准备。我们热忱地期盼您能给我们一些鼓励抑或鞭策，甚至，我们更衷心地期待您和我们同路。

编者

2009 年 3 月

目　　录

第一部分　房地产估价业务

项目一　房地产估价作业的准备

学习目标

- 能够明确房地产估价基本事项
- 能够进行房地产估价作业前的准备工作

本项目包含两个子项目：明确房地产估价基本事项；拟定房地产估价作业计划。

引导案例

小陆是北京皓天房地产评估公司的一名无注册估价师资质的房地产估价从业人员。北京皓天房地产评估公司基本情况如下：

单位名称	北京皓天房地产评估有限责任公司
所属区县	海淀区
资质等级	一级
营业执照号	110000218××××
注册时间	2000－××－××
资质证书编号	（200×）京国土房管资准字第00××号
资质批准时间	2003－3－22
经济性质	有限责任公司
注册资金	600万元人民币
法定代表人姓名	皓天
联系人姓名	兰雪
联系人电话	010－84650497
电子邮件	rshqi×××@163.×××
主页地址	
从业人数	50（点击可查看员工信息）
邮　　编	100029
办公地址	北京市朝阳区太阳宫路芍药居甲1号 培训楼503

备注　　　　　　　　　　　　（虚构）

子项目一　明确房地产估价基本事项

知识链接

房地产估价，是针对某个具体房地产，基于特定的估价目的，评估其在特定时点上的价格或价值的一种活动。房地产估价人员在受理房地产估价业务前，必须根据估价业务的具体情况，与委托估价方共同商议，明确房地产估价的一些基本事项，并写进《房地产价格评估委托协议》。而在房地产评估机构受理该项业务并正式立项后，项目工作人员应立即进一步明确房地产估价基本事项已拟订估价作业方案。一般来说，房地产估价基本事项包括以下几方面内容：

一、房地产估价目的

房地产估价目的是指某个具体估价项目的估价结果的期望用途，说明的是估价工作完成后，其估价结果能满足何种经济活动或者政府、民事行为的需要。

明确了房地产估价目的才能选择准确的估价方法，合理制定出估价作业计划，并有针对性地收集有关的资料。不同的估价目的，其估价的原则、依据、方法和技术路线是各不相同的，当然也决定了不同的估价结果。常见的房地产估价目的有如下这些情况：

（1）国有土地使用权有偿有期限出让，其协议、招标、拍卖、挂牌交易的底价或投标价格的评估；

（2）土地使用权有偿转让的价格评估；

（3）房地产交易，包括买卖、租赁、拍卖、差价交换等的价格评估；

（4）房地产抵押贷款、投保、典当、索赔等的价格评估；

（5）房地产析产、赠与、继承的价格评估；

（6）房地产纠纷调停、仲裁和诉讼时的价格评估；

（7）土地批租、地上房地产拆迁补偿的价格评估；

（8）市政动迁房地产征用、拆迁补偿和落实政策作价收购的价格评估；

（9）城市住房制度改革，出售、出租公有房屋的价格评估；

（10）房地产税收管理，征收房地产增值税、房产税、契税等的课税价格评估；

（11）企业股份制改革中承包、合并、兼并、清算时的房地产价格评估；

（12）中外合资房地产入股中的权益价格评估；

（13）房地产投资价值或价格评估；

（14）房地产合并、分割的价格评估；

（15）房地产他项权利设定造成原房地产价格贬值的价格评估；

（16）国家建设需要提前收回出让土地有限年期使用权的价格评估；

（17）合资项目中，参建方出让股份的价格评估等。

显然，上述各种房地产估价目的之价格类型是不尽相同的，都有各自的估价标准，受到相应的法律、法规、政策和技术方法的制约，因而评估的价格内涵、评估方法亦不相同。因此，实施房地产估价以前，首先必须明确估价目的。

二、估价对象

房地产估价对象是指一个房地产估价项目中需要评估其客观合理价格或价值的特定的房地产对象。一般来说，明确房地产估价对象应明确其物质状况、区位状况及其权益状况三个方面。

三、估价时点

房地产估价时点，就是估价结果所对应的特定的时间点，即某个具体的日期。在不同时间，同一宗房地产往往有不同的价格，因此，每一个价格都对应着一个时间。所以，在进行房地产估价前，必须明确相应的估价时点。估价时点与估价目的密切相关。不同的估价目的有不同的估价时点，可以是过去，可以是现在，也可以是未来。

任务描述 1－1

根据信息，明确估价基本事项。

北京皓天房地产评估有限公司和北京市某有限公司于 2008 年 10 月 20 日签订了如下《房地产价格评估委托协议书》，接受某公司委托进行相关房地产的抵押价值评估工作。该协议书具体内容如下：

房地产价格评估委托协议书

编号：估 2008（×××××××××）

委托估价方：北京市某有限公司（以下简称“甲方”）

受托估价方：北京市皓天房地产评估有限公司（以下简称“乙方”）

甲、乙双方就委托房地产价格评估事宜达成如下协议：

一、甲方估价目的：房地产抵押价值评估。

二、估价对象：甲方拥有合法产权的全部房地产，包括________。

三、估价时点：2008 年 11 月 20 日。

四、甲方应于 2008 年 11 月 1 日以前将委托评估房地产所必需的产权证明、证件及其他等估价所必需的有关资料交给乙方，或配合乙方向有关部门、单位或个人查阅、搜集委估房地产估价所必要的资料，并有义务陪同勘察。

五、乙方应根据甲方委托评估的目的，对委估房地产的价格予以客观、公正地评估，并向甲方出具房地产价格评估报告书。普通房地产价格评估，一般应在甲方提供资料后两周内完成。

六、甲、乙双方对委估房地产价格评估报告的内容应尽保密之责，除向政府主管部门申报外，未经对方同意，不得对外公开或泄露给他人。

七、经甲、乙双方商定，甲方按北京市物价局及北京市房屋土地管理局《关于房地产中介服务收费的通知》（京价［房］字［1997］第 398 号）文件规定的房地产价格评估收费标准（见下表 1－1）所计算的评估标准收费，向乙方支付评估费。

表 1－1　　房地产价格评估标准收费计算表

序号	档次房地产总额（万元）	累进计费率（‰）
1	100 以下（含 100）	5
2	101 以上至 1 000	2.5
3	1 001 以上至 2 000	1.5
4	2 001 以上至 5 000	0.8
5	5 001 以上至 8 000	0.4
6	8 001 以上至 10 000	0.2
7	10 000 以上	0.1

本协议签字之日，甲方向乙方预付评估费人民币________万元，乙方将评估报告交付甲方时，甲方将剩余的评估费一次付给乙方。

八、乙方如无特殊原因和正当理由，应按本协议约定时间 2009 年 1 月 20 日交付估价报告书。甲方如不按规定的时间向乙方提供有关资料，乙方可按耽误时间顺延估价报告的交付时间。

九、甲方如中途中断委托评估，乙方不退还甲方预付的评估费。

十、本协议自甲、乙双方正式签字盖章之日起生效。未经双方同意任何一方不得进行修改。如有未尽事宜，由双方另行协商解决。

十一、本协议于 2008 年10月20日正式签定。一式四份，甲、乙双方各执二份。

甲方：　　　　　　　　　　　　乙方：

（盖章）　　　　　　　　　　　（盖章）

负责人签名：　　　　　　　　　负责人签名：

解决方案

步骤一：详细阅读《房地产评估委托协议书》。

步骤二：找出估价目的和估价时点（注意与估价作业期相区别）。

任务描述 1－2

根据任务描述 1－1 所给信息明确估价对象基本情况。

解决方案

步骤一：明确、核实估价范围。

步骤二：通过向企业核实、自己网络调查等情况明确估价对象基本情况。

步骤三：根据基本情况，绘制估价对象基本情况表。

【提示】

此时对估价对象的了解只是初步的了解，重点是确定估价范围，即确定估价对象所包含的物质实体规模、用途等，初步了解估价对象的权属状况及区位情况。此外，估价对象基本情况表一般不同类型的估价对象有不同的要求，可参照公司的模式制定。

子项目二　拟定房地产估价作业计划

知识链接

一般来说，房地产估价作业准备工作包括拟定房地产估价作业计划和计划中所需的资料、器具等准备工作。房地产估价作业计划是明确了房地产估价基本事项之后，由估价师（项目经理）带领项目成员制定的详细估价作业方案，其一般内容包括拟采用的估价技术路线和估价方法、拟调查搜集的资料及其来源和渠道、预计所需要的时间、人力、物力和财力、拟定估价作业步骤和进度安排。

一、房地产估价技术路线

房地产估价的技术路线是指导整个房地产估价过程的技术思路，是估价人员对估价对象房地产的价格形成过程的认识。确定房地产估价技术路线，就是确定房地产价格的形成过程。确定房地产估价技术路线，应注意以下两个方面：

首先，确定房地产估价技术路线，要对估价对象房地产本身有充分的认识，要学会、理解和熟练运用各种估价方法。房地产估价常用的方法主要有：比较法、收益法、成本法、假设开发法、长期趋势法和基准地价修正法等。根据我国《房地产估价规范》的规定，对于同一估价对象房地产应该选用两种以上不同的估价方法进行估价。

其次，确定房地产估价技术路线，要对估价目的、估价对象状况、估价时点等房地产估价基本事项有充分的了解。房地产估价目的决定了房地产的价格内涵，而估价对象本身的状况决定了价格的基础，同时，房地产估价结果具有很强的时间相关性。所以，要确定房地产估价技术路线，必然要充分地了解估价基本事项。

一般来说，确定房地产估价技术路线的过程是：首先明确估价对象房地产的价格内涵，其次，要确定其价格形成过程，然后根据这些内容再确定适用的估价方法和估价的测算过程。

二、确定调查搜集的资料及其来源和渠道

估价所需的资料主要应包括下列方面：对房地产价格有普遍影响的资料，包括供求状况、经济因素、人口因素、社会因素、行政因素等；对估价对象所在地区的房地产价格有影响的资料；相关房地产交易、成本、收益及实例资料；反映估价对象状况房地产的资料。在搜集这些资料时，应注意不同类型的房地产资料要求的差异，比如居住类房地产和商业类房地产的区域因素和个别因素的差异。

调查搜集资料的来源和渠道有多方面的，主要包括：委托估价方提供；估价人员亲自调查搜集、向政府有关部门查阅或索取；向相关当事人询问；委托专业的咨询公司提供；从估价机构自身和其他估价机构积累的资料中查找；从相关的报纸、杂志、网络等查找。

任务描述 2 -1

拟定估价作业计划：会议筹备、召开及计划的编辑工作。

小陆作为估价助理人员，进入由估价师（项目经理）贾某负责的任务描述 1 -1 中的评

估项目。贾某交待小陆召集相关人员开一次项目预备会，重点是拟定该项目的估价作业计划及进行工作分配。会议由小陆全权负责筹划。

解决方案

步骤一：发出评估项目预备会通知；

步骤二：进行评估项目预备会的准备工作；

步骤三：会议就相关问题进行讨论，包括拟定采用的估价技术路线和估价方法、拟定调查搜集的资料及其来源和渠道、拟定估价作业步骤和明确时间进度及资源安排；

步骤四：整理会议记录，并根据它撰写评估作业计划；

步骤五：将计划呈报估价师，并进行必要的修改；

步骤六：将经过贾某同意的计划发给相关人员。

任务描述 2－2

进行资料、器具等的准备。

估价师贾某通知小陆，要按照计划进行客户联系和外业资料搜集工作。要小陆就有关事项做好准备。

解决方案

步骤一：确定欲与之联系的相关人员名单，并准备详细通讯录；

步骤二：按照计划确定参与客户联系和外业资料的工作人员，并予以通知；

步骤三：制定搜集资料所必需的资料清单；

步骤四：与客户联系确认资料清单中由客户提供的资料并确认外业作业时间；

步骤五：将结果报告贾某；

步骤六：将经过贾某同意的资料清单及相关资料发送其他相关人员，包括客户及工作人员。

步骤七：向公司办公室申请外业作业可能需要的器具，包括钢尺、摄影摄像器材等。

【提示】

一般来说，客户有提供相关产权证明、营业证明、身份证明、房地产自身情况等资料的义务，也有陪同客户进行估价对象勘察的义务。

课堂训练

根据教师提供的当地某房地产评估机构的《房地产评估委托协议》确认估价基本事项及估价作业准备工作。

课后训练

1. 估价时点是指(　　)。

A. 估价作业期　　B. 估价报告提交日期

C. 估价价格所对应的日期　　D. 评估委托协议的签订日期

2. 下列属于房地产估价基本事项的是(　　)。

A. 估价时点　　B. 估价方法

C. 估价理论　　D. 估价承诺

E. 估价所需的基本资料

3. 根据教师指定的估价案例进行上述项目的训练。

项目二　居住房地产估价

学习目标

● 能够把握居住房地产及其估价的特点

● 能够针对居住房地产转让或抵押估价确定估价所需要搜集的资料并进行搜集、整理和分析工作

● 能够运用市场法、成本法、收益法等基本方法对居住房地产转让和抵押进行估价

本项目包含两个子项目：居住房地产转让估价；居住房地产抵押估价。

子项目一　居住房地产转让估价

引导案例

2006 年 4 月 1 日，北京皓天房地产评估有限公司接受中航技国际工贸公司的委托，承诺对位于北京市昌平区北七家镇蓬莱公寓的 10 号楼、11 号楼（总建筑面积 3 139.04m^2）的公开市场价值进行评估，为该公司转让该房地产提供价格参考依据①。

知识链接

居住房地产作为房地产的主要类型之一，除具有房地产的一般特性外，因其是人们不可或缺的生活资料，具有鲜明的社会保障性。尤其是居住房地产中的普通住宅，更具有强烈的民生性特征，所以居住房地产估价，要求估价人员必须掌握其基本的住宅类型、主要特点和政策导向，并根据其估价目的、实际情况，选择合适的估价方法，做出客观、公正、合理的估价。

目前，随着我国住房二级和三级市场的建立和不断完善，居住房地产转让成为房地产市场最活跃的交易类型之一，从而对居住房地产转让估价的需求也日益增多。居住房地产转让估价具有相似性和零散性等特征，一般是零散的一套或多套住宅。从估价目的和要求来看，居住房地产转让估价一般只是为了了解、掌握房地产交易行情而进行的评估，其目的只是为了在进行住宅交易时有一个参考价格，所以居住房地产估价委托带有一种咨询性。居住房地

---

① 本案例设定估价目的为委托方了解估价对象市场价值提供参考依据；估价时点为 2006 年 4 月 1 日；本次估价采用的是公开市场价值标准；估价原则包括合法原则、最佳效用原则、供求原则、替代原则、估价时点原则、综合分析原则、多种估价方法相结合的原则；估价作业期为 2006 年 4 月 1 日至 2006 年 4 月 15 日。

产转让估价的主要方法一般为市场法，辅助方法为成本法。

市场法是指将估价对象与估价时点的近期有过交易的类似房地产加以比较，对这些类似房地产的成交价格做适当修正，以此估算估价对象的客观合理价格或价值的方法。

成本法是指在估价时点以假设重新建造（开发）待估房地产所需耗费的各项必要费用以及正常利润、税金为依据来评估估价对象房地产价格的方法。

【关键术语】

一、居住房地产

居住房地产，又简称住宅，包括普通住宅、高档公寓、别墅等。居住房地产是房地产商品种所占比重最大的一类。居住房地产具有单宗交易规模小，但市场交易量巨大、产权多样、价格内涵复杂等特点。

二、公开市场价值

公开市场价值（价格）是在交易双方均追求各自利益最大化、都具有必要的专业知识并了解交易对象、且掌握必要的房地产市场信息、有充分的时间自愿开展交易，同时不存在买卖双方有特殊兴趣或给予出售的情况下，最有可能实现的价格。与它相似的一个概念是市场价格。市场价格是指某区域某种房地产在市场上的一般、平均水平价格，是该类房地产大量成交价格的抽象结果。可见，公开市场价值（价格）和市场价格有区别，但一般情况下可以混用。

任务描述 1－1

市场法评估居住房地产公开市场价值。

小陆等人通过对待估对象及其所处区域的基本了解，认为待估对象所处区域有公开的、活跃的类似房地产的交易市场，可以找到足够数量的、正常的房地产交易比较案例，同时该交易案例与待估对象具有替代性，所以可以采用市场法进行评估。

【关键术语】：市场法

市场法（market comparison approach，sales comparison approach）是指将估价对象与估价时点的近期有过交易的类似房地产加以比较，对这些类似房地产的成交价格做适当修正，以此估算估价对象价格或价值的方法。类似房地产是指区位、实物和权益三方面与待估房地产相同或相近的房地产。市场法运用的条件是要求存在活跃的、透明的资产交易市场。市场法是房地产估价中最常用的基本方法之一。市场法经常使用的公式为：

$$\begin{matrix}\text{比准}\\\text{价格}\end{matrix}=\begin{matrix}\text{可比实}\\\text{例价格}\end{matrix}\times\begin{matrix}\text{交易情况}\\\text{修正系数}\end{matrix}\times\begin{matrix}\text{交易时间}\\\text{修正系数}\end{matrix}\times\begin{matrix}\text{区域因素}\\\text{修正系数}\end{matrix}\times\begin{matrix}\text{个别因素修正系数（后两项有}\\\text{时也合称房地产状况修正系数）}\end{matrix}$$

其中各修正系数的确定是关键，对于交易情况修正系数的确定一般采用百分率法，对于交易时间修正系数一般采用价格指数法或价格变动率法，而对于房地产状况修正系数一般采用直接比较百分率法。

解决方案

步骤一：实地查勘估价对象，编制《实地踏勘估价对象表》（见表 2－1），列出资料清单，搜集相关资料。

表 2－1　　　　　　　　实地踏勘估价对象表

<table>
<tr><td rowspan="10">房地产基本状况</td><td colspan="3">名称</td><td colspan="4"></td></tr>
<tr><td colspan="3">坐落</td><td colspan="4"></td></tr>
<tr><td colspan="3">四至</td><td colspan="4">东至　南至　西至　北至</td></tr>
<tr><td colspan="3">规模</td><td colspan="4">土地面积：　建筑面积：</td></tr>
<tr><td colspan="3">用途</td><td colspan="4">规划用途：　设计用途：
实际用途：　预期用途：</td></tr>
<tr><td rowspan="5">权属</td><td colspan="2">土地所有权</td><td colspan="2">国有土地</td><td colspan="2">集体土地</td></tr>
<tr><td rowspan="3">土地使用权</td><td rowspan="2">权利种类</td><td rowspan="2">建设用地使用权</td><td>出让　划拨</td><td colspan="2">宅基地使用权</td></tr>
<tr><td>其他</td><td colspan="2">土地承包经营权</td></tr>
<tr><td>权利人</td><td colspan="4"></td></tr>
<tr><td colspan="2">房屋所有权人</td><td></td><td></td><td></td><td></td></tr>
</table>

<table>
<tr><td rowspan="4">区位状况</td><td>位置</td><td colspan="2">坐落、方位、距离、朝向等</td></tr>
<tr><td>交通</td><td colspan="2">可及性、便捷性等</td></tr>
<tr><td>周围环境和景观</td><td colspan="2">自然环境、人文环境和景观等</td></tr>
<tr><td>外部配套设施</td><td colspan="2">基础设施、公共服务设施等</td></tr>
<tr><td rowspan="2">实物状况</td><td>土地实物状况</td><td colspan="2">土地面积、形状、地形、地势、土壤、低级（地质）、土地条件和其他等</td></tr>
<tr><td>建筑物实物状况</td><td colspan="2">建筑规模、层数和高度、外观、建筑结构、设施设备、装饰装修、防水、保温、隔热、隔声、通风、采光、日照、层高和室内净高、空间布局、年龄、维护情况及完损程度和其他等。</td></tr>
<tr><td rowspan="2">权益状况</td><td>土地权益状况</td><td colspan="2">土地所有权、土地使用权、土地使用管制以及目前使用情况、其他权利设立情况以及其他特殊情况等</td></tr>
<tr><td>建筑物权益状况</td><td colspan="2">房屋所有权人、出租或占用情况、其他权利设立情况、其他特殊情况等</td></tr>
<tr><td colspan="2">位置示意图</td><td>外面图片</td><td>其他图片</td></tr>
<tr><td colspan="2"></td><td></td><td></td></tr>
</table>

勘查人员：　　　　　　　　　　　　勘查日期：　　年　月　日

小陆等人经过到实地查勘，最终整理出下列信息：

1. 地理位置与环境

估价对象位于蓬莱苑社区内，是蓬莱苑社区内的 2 幢住宅楼，居于社区西部的中心地区。蓬莱苑社区坐落于昌平区北七家镇，南距亚运村正北 12km，北距小汤山温泉疗养区 7km。自市中心向北，途经著名的天通苑——北京市经济适用房建设中最大的项目之一，与周边的望都家园、温泉花园、温馨园、桃花园、冠雅苑、西湖新村等居住小区共同形成了简朴、经济的生活环境。但是，由于基础设施薄弱，各社区均存在一些不尽如人意的问题，如：交通、金融、医疗、就学、娱乐环境等都有待提高。蓬莱苑社区亦是如此：社区内不仅缺少燃气等基础设施；社区周边的文、教、卫、商等生活服务设施亦不完善，方圆 1.5km 内无公交车站；规划建设中贯穿南北的北京地铁 5 号线，北至昌平区太平庄北，距蓬莱苑社区也有 3、4km 之遥。整体设施的不完备至使社区内居住人口稀少，人际寥落。但估价对象所处地区空气清新，自然环境良好。

2. 估价对象状况

昌平区北七家镇蓬莱公寓 10 号楼、11 号楼位于蓬莱苑社区内，目前该房屋已取得《房屋所有权证》，相关证件如表 2－2 所示。

表 2－2

序号	证件类型	证号	建筑面积（m^2）
1	房屋所有权证	京房权证昌国字第 30722 号	1 569.52
2	房屋所有权证	京房权证昌国字第 30723 号	1 569.52
合计			3 139.04

依据委托方提供的《房屋所有权证》（京房权证昌国字第 30722、30723 号），其房地产概况如下：

土地使用权期限：至 2064 年 4 月 1 日止；

房屋所有权人：中航技国际工贸公司；

房屋座落：昌平区北七家镇；

丘（地）号：Ⅳ－1－7－30（1）；

产别：国有产。

房屋状况（参见附件估价对象现状图〈略〉）：估价对象为 2 幢 4 层砖混结构的住宅楼，每幢一栋，一梯两户，每幢建筑面积为 1 569.52m^2。其装修情况为：外檐刷涂料。内檐曾进行了精装修：实木入户门；客厅、卧室、饭厅铺实木地板，石膏板吊顶，墙面刮腻子并刷乳胶漆；餐厅，还做有木制装饰四坡吊顶；卫生间、厨房为瓷砖地面、墙面，铝扣板吊顶，卫生间坐便器、洗脸盆、浴盆，厨房灶具、操作台俱全。电气、水暖等设施完备，车位充足。

但是，经估价人员现场查勘，该房屋建设、装修均完成于 1994 年，此后直至估价时点的十多年间，一直处于空置状态，没经任何的使用和正常的维护，以至目前装修破烂不堪，屋面、墙面漏水、漏雨严重，室内实木地板拱起爆裂，许多地板块已脱落，地板龙骨清晰可见；墙面已起碱爆皮，墙皮严重脱落；管道设施生锈腐烂严重，已无法立即正常使用。但建筑物整体结构良好，无塌陷、沉降、裂缝及变形现象。

权属状况：依据委托方提供的资料显示，估价对象于截至估价时点时，没有设定任何抵押等他项权利。

步骤二：搜集相关市场资料，进行区域因素、市场背景和最高最佳使用分析。

1. 区域因素分析

昌平区地处太行山脉与燕山山脉交汇处，素有“京师之枕”的美称。从南口镇雪山村出土的文物可追溯到原始社会后期，文字记载始于商周时期，建制始于西汉，公元1425年迁县于永安城（现昌平镇）。1984年，经中共中央、国务院批准的《北京市城市建设总体规划方案》把昌平确定为集“旅游、高教、科研”为一体的城市性质的卫星城。1999年9月，经国务院批准，昌平撤县设区。

昌平区总面积1 352km^2，其中：平原552km^2，占40.8%，山区、半山区面积800km^2，占59.2%。现辖15个镇、2个街道办事处和北企公司（其中：平原镇12个，山区镇5个）。

党的十六大胜利召开后，昌平区委、区政府加快发展的责任感和紧迫感进一步增强。按照十六大提出的全面建设小康社会的目标和胡锦涛总书记视察北京工作时的重要指示精神要求，结合昌平区实际，区委、区政府积极实施把郊区建设成为首都可持续发展的战略新区和建设国际化大都市的现代化发展区的战略部署，确定昌平的发展新目标为：力争用五年左右的时间，努力把昌平建设成为“投资创业、旅游休闲、生活居住”的首选之区。

2. 市场背景分析

北京位于北纬39°08’—41°05’，东经115°25’—117°03’，属温带大陆性气候，四季分明，冬季比较寒冷。最低日平均温度－15.9℃；夏季较热，最高日平均温度25.8℃。冬季多为北风及西北风，夏季风较少，全年主导风向为北风，雨水多集中在夏季，其余季节雨量较少。

北京是中国的首都，也是世界著名的历史文化名城，是全国政治、经济和文化功能的中心城市和主要区域，也是全国的交通枢纽，铁路公路四通八达，首都国际机场有近百条航线通往国内外各大中城市，交通十分便利。近年来，中国坚持推行改革开放政策，北京的经济发展速度高于全国经济发展平均水平，房地产业、金融证券业、旅游业、现代制造业等各个行业蓬勃发展。为推进北京市的经济发展速度，市政府加大了基础设施、公共设施的投资力度，全线贯通了四环、五环、地铁八通线和城市轻轨铁路等，巨大投入使得北京市更是锦上添花。

近年来，北京住房价格一直呈上升态势，特别是自2004年下半年起呈加速上升态势，2005年上涨势头更为明显，期房单月价格在5月份创历史最高，为每m^{2}7 136元。2005年商品住宅期房预售平均价格每m^{2}6 725元，比2004年上涨了1 083元，涨幅为19.2%；现房价格每m^{2}5 853元，比2004年上涨了1 106元，涨幅为23.3%。商品住宅销售价格指数由2004年的104.3上升到了107.1。此外，由于2004年以来国家对房地产市场加大调控力度，房地产开发投资占全社会投资比例逐渐下降，施工面积和竣工面积的继续减少以及市场供求结构的错位，市场供求矛盾加大。2006年以来，房地产价格指数仍然高位运行。2006年1—6月，北京市新建商品房价格总指数累计为107.7%，比2005年同期提高1个百分点。加之城镇人口收入增长、城市化进度加快和外来需求等因素，预计今后一定时间内，北京住房价格增长的趋势还将继续。

分析得知，北京住宅价格上涨的根本原因是商品住宅市场供不应求，市场多年平稳发展为房价上涨积蓄了力量，二手房发育不足削弱了宏观调控力度，在维系市场价格稳定的力量失衡后，住房价格上涨成为必然趋势。

此外，随着人们日益提高的生活水准，对生活品质的要求将多元化地全面发展，其在人们生活中所占的比例也会与日俱增。研究表明，居住环境生态化、便捷顺畅的交通环境、社区成熟度及日渐完善的生活配套、所属区域强大的发展前景将是居住社区发展的新主题；便利、品质、纯粹、潜力、宜居将是居住生活的新内涵。

3. 最高最佳使用分析

房地产估价应当以估价对象的最有效使用为前提进行估价。最有效使用是指法律上允许、技术上可能、经济上可行，经充分合理论证（略），能使估价对象产生最高价值的使用。估价对象房产证用途为住宅用途，而且使用现状也为住宅用途，本项目以估价对象为住宅用途使用为前提估价。

步骤三：搜集交易实例，搜集交易实例一般要填制交易实例调查表（见表2－3）。

表2－3　　交易实例调查表

实例名称		房地产类型	
区域位置			
交易双方	买方：		
	卖方：		
成交价格	总价：		
	单价：		
双方税负	买方：		
	卖方：		
成交日期		货币种类	
付款方式			
房地产状况	区位状况		
	权益状况		
	实物状况（用途、规模、档次、建筑结构、装修情况、维护情况等）		
交易情况具体说明			
位置图		套型图	
资料来源			

实例A：冠雅苑——位于亚运村正北12km，房地产用途为住宅，多层板楼，框架结构，销售均价为3 380元/m^2，商品房。

实例B：桃园公寓——位于亚运村正北12km，房地产用途为住宅，多层板楼，销售均价为2 600元/m^2，商品房。

实例C：蓬莱苑——位于亚运村正北12km，房地产用途为住宅，多层板楼，售价为3 000元/m^2，商品房。

实例D：天通苑——位于亚运村正被12km，房地产用途为住宅，高层塔楼，售价为2 600元/m^2，经济适用房。

步骤四：选取比准实例及比较因素。

比准实例应符合以下条件：（1）与估价对象具有相同的用途，均为住宅；（2）与估价对象交易类型相同，均为买卖交易；（3）与估价对象邻近或在同一供需圈；（4）属于正常交易或可修正为正常交易；（5）可以进行日期修正，交易时间与估价对象的估价期日接近；（6）区域及个别条件相近，可以进行区域因素、个别因素比较、修正。

通过比较，将实例 A、B、C 选为比准实例，同时比较因素确定为交易情况、交易日期、区域因素、个别因素等。其中，区域因素选择基础设施状况、生活设施状况、居住社区成熟度、道路通达度、公交便捷度、距商服中心距离、人文环境、自然环境等；个别因素选择房屋朝向、楼层、户型结构、景观、物业管理、综合成新率等。

步骤五：编制相关表格，进行比准实例价格、交易情况、交易日期、区域因素、个别因素等的修正（见表 2－4、表 2－5）。

表 2－4　　　　比较因素条件表

<table>
<tr><td colspan="3">比较因素</td><td>估价对象</td><td>案例 A</td><td>案例 B</td><td>案例 C</td></tr>
<tr><td colspan="3">交易价格（元/m²）</td><td>待估</td><td>3 380</td><td>2 600</td><td>3 000</td></tr>
<tr><td colspan="3">名称</td><td>蓬莱公寓</td><td>冠雅苑</td><td>桃园公寓</td><td>蓬莱苑</td></tr>
<tr><td colspan="3">位置</td><td>亚运村正北 12km</td><td>亚运村正北 12km</td><td>亚运村正北 12km</td><td>亚运村正北 12km</td></tr>
<tr><td colspan="3">交易日期</td><td>2006. 3</td><td>2005. 12</td><td>2005. 10</td><td>2006. 2</td></tr>
<tr><td colspan="3">交易情况</td><td>正常</td><td>正常</td><td>正常</td><td>正常</td></tr>
<tr><td rowspan="8">区域因素</td><td colspan="2">基础设施状况</td><td>不通煤气，基础设施不够齐全</td><td>现不通煤气，基础设施不够齐全，但预留管道，今年市政通气</td><td>不通煤气，基础设施不够齐全</td><td>不通煤气，基础设施不够齐全</td></tr>
<tr><td colspan="2">生活服务设施状况</td><td>基本没有生活服务设施</td><td>文教、卫生等各项生活设施齐全</td><td>基本没有生活服务设施</td><td>基本没有生活服务设施</td></tr>
<tr><td colspan="2">距商服中心距离</td><td>距商服中心很远</td><td>距商服中心很远</td><td>距商服中心很远</td><td>距商服中心很远</td></tr>
<tr><td colspan="2">居住社区成熟度</td><td>社区发展不成熟</td><td>社区发展较成熟</td><td>社区发展不成熟</td><td>社区发展不成熟</td></tr>
<tr><td rowspan="2">交通条件</td><td>道路通达度</td><td>临近立汤路</td><td>临近立汤路</td><td>临近立汤路</td><td>临近立汤路</td></tr>
<tr><td>交通便捷度</td><td>方圆 1.5km 内无公交站，极不便捷</td><td>358 支线、912 支线、850、949、小 48 路、小 22 路（冠雅苑站）直达小区，交通便捷</td><td>周边有 417 路、727 路、850 路、836 路，公交不便捷</td><td>方圆 1.5km 内无公交站，极不便捷</td></tr>
<tr><td colspan="2">人文环境</td><td>人文环境一般</td><td>人文环境一般</td><td>人文环境一般</td><td>人文环境一般</td></tr>
<tr><td colspan="2">自然环境</td><td>噪音污染较少，自然环境较好。</td><td>噪音污染较少，自然环境较好。</td><td>噪音污染较少，自然环境较好。</td><td>噪音污染较少，自然环境较好。</td></tr>
</table>

续表

比较因素		估价对象	案例 A	案例 B	案例 C
个别因素	建筑规模	7 万 m^2	7 万 m^2	7.8 万 m^2	7 万 m^2
	建筑结构	砖混结构	框架结构	砖混结构	砖混结构
	平面布置	平面布置合理	平面布置合理	平面布置不好	平面布置一般
	户型设计	设计合理	设计合理	设计不好	设计一般
	朝向	南北朝向	南北朝向	南北朝向	南北朝向
	装修	装修已严重毁损	毛坯	毛坯	毛坯
	设备	设施设备已严重毁损	设施设备良好	设施设备良好	设施设备良好
	工程质量	结构良好	结构良好	结构良好	结构良好
	物业管理	物业费很高，且服务不好	物业费较高，但服务良好	物业费较高，但服务良好	物业费很高，且服务不好
	综合成新率	1994 年房产	新房	新房	新房

表 2－5　比较因素条件指数表

比较因素			估价对象	案例 A	案例 B	案例 C
交易价格（元/m^2）			待估	3 380	2 600	3 000
交易日期			100	100	100	100
交易情况			100	100	100	100
区域因素	基础设施状况		100	101	100	100
	生活服务设施状况		100	104	100	100
	距商服中心距离		100	100	100	100
	居住社区成熟度		100	101	100	100
	交通条件	道路通达度	100	100	100	100
		交通便捷度	100	103	101	100
	人文环境		100	100	100	100
	自然环境		100	100	100	100
	合计		100	109	101	100
个别因素	建筑规模		100	100	100	100
	建筑结构		100	103	100	100
	平面布置		100	100	97	99
	户型设计		100	100	97	99
	朝向		100	100	100	100
	装修		100	104	104	104
	设备		100	104	104	104
	工程质量		100	100	100	100
	物业管理		100	101	101	100
	综合成新率		100	110	110	110
	合计		100	122	113	116

步骤六：综合求取比准价格（见表2－6）。

表2－6　　　　因素修正表

比较因素	案例A	案例B	案例C
交易价格（元/m^2）	3 380	2 600	3 000
交易日期	100	100	100
交易情况	100	100	100
区域因素	100/109	100/101	100/100
个别因素	100/122	100/113	100/116
比准价格（元/m^2）	2 542	2 278	2 586
确定比准价格（元/m^2）	2 469		

采用算术平均法综合确定比准价格为2 469元/m^2。

【提示】

实地查勘估价对象房地产一般需要委托人中熟悉情况的人员和被查勘房地产的业主陪同，估价人员将有关情况和数据认真记录下来，形成实地查勘记录。完成实地查勘后，实地查勘的估价人员、委托人中陪同实地查勘的人员和被勘查房地产的产权人，应在实地查勘记录上签字认可，并注明实地查勘日期。在实地查勘时，应注意根据不同的房地产估价对象、目的及估价方法，选取相应的查勘重点。其重点主要有：认真核对估价范围、核对使用状况、勘估房地产成新度、核对各种面积指标、核对估价对象环境条件和状况等。具体内容一般指估价对象物质实体情况，包括区位、实物及权益状况。如坐落位置、形状与面积、交通等环境条件、购物、教育等相关配套情况、地上建筑物的规模、结构、用途、档次以及产权状况等。

除实地查勘估价对象、搜集估价对象相关资料之外，市场法估价还要搜集交易实例。一般交易实例应注意搜集以下六方面的内容：交易双方的基本情况及交易目的、成交价格、付款方式、成交日期、交易情况以及房地产物质实体状况等。交易实例搜集的途径一般先从本估价机构的资料库查找，还可通过网络、报刊杂志、当地政府部门、物业公司、房地产经纪公司等获得相关资料。一般来说，交易实例应搜集至少10个。

除此之外，估价还要搜集社会、经济、政府、环境等此类影响估价对象房地产的因素以及相关地方市场特征、供给及需求信息等资料。这类资料来源一般是来自政府或权威研究机构的统计资料或出版物等二手资料，也可以自行进行现场调查、访谈调查和分析获取一手资料。获取这些资料后，估价要进行区域因素分析、市场背景分析和最高最佳分析。

在市场法选取比较案例时，要注意符合《房地产估价规范》的要求和其他相关要求。比较因素的确定因物业类别不同而有所区别，这在以后陆续给出的案例中可得以体现。此外，在市场法计算中，可比实例的房地产状况是指可比实例成交价格所对应或反映的房地产状况，不是在估价时点或其他时候的状况。

在最后评估结果的确定上，案例中A、B、C三个案例结果相似，所以采用算术平均法，如果结果相差很远，或比较案例与估价对象接近程度相差较大，一般采用加权算术平均法来确定最终结果。与估价对象越接近的案例得到的比准价格所占权重越大。

任务描述 1－2

成本法评估居住房地产公开市场价值。

鉴于《房地产估价规范》要求必须使用至少 2 种方法进行估价，因为待估对象虽存在租赁收益，但是现金流很不稳定，所以小陆等人经过考虑，决定采用成本法作为辅助方法对待估房地产进行估价。其中用基准地价法求取土地重新购建价格。

【关键术语】

一、成本法

成本法（cost approach）是指在估价时点以假设重新建造（开发）待估房地产所需要耗费的各项必要费用以及正常的利润、税金为依据来评估估价对象房地产价格的方法。对于旧有的房地产，成本法指估价对象房地产在估价时点的重新购建价格（重置价格或重建价格），扣除折旧，以此估算估价对象房地产客观合理价格或价值的方法。用成本法求出的房地产价格被称为积算价格。成本法是房地产估价三个基本方法之一。成本法经常使用的公式为：

$$\text{积算价格}=\text{待估房地产在估价时点的土地价格}+\text{建筑在估价时点的重新购建价格}\left(\text{建筑在估价时点的重新建造成本}-\text{建筑在估价时点的累积折旧}\right)$$

二、建筑物折旧

成本法估价中的建筑物折旧，应是各种原因造成的建筑物价值的损失，包括物质上的、功能上的和经济上的折旧。物质折旧（physical depreciation，physical deterioration）也称为有形损耗，是指建筑物在实体上的老化、磨损、损坏所造成的建筑物价值损失。功能折旧（functional depreciation，functional obsolescence）也称无形损耗，是指建筑物在功能上的缺乏、落后或过剩所造成的建筑物价值损失。经济折旧（economic depreciation，economic obsolescence）也称为外部性折旧（external obsolescence）是指建筑物以外的各种不利因素所造成的建筑物价值损失。

三、基准地价法

基准地价法（land datumvalue method）是利用政府公布的基准地价和宗地地价修正系数表等评估成果，按照替代原则，用待估宗地的区域条件和个别条件与其所处区域的平均条件相比较，并对照修正系数表，选取相应的修正系数对基准地价进行修正，从而求得待估宗地价格的一种估价方法。它除了对单独的土地进行估价外，经常被用于成本法中土地价格的求取等情况。

解决方案

步骤一：实地踏勘估价对象（略）。

步骤二：求取估价对象土地的重新购建价格。

土地取得成本主要包括房屋拆迁安置费用、地价款等，即为土地的熟地价。采用基准地价系数修正法求取土地重新购建价格，计算公式为：

楼面熟地价＝适用的基准地价（楼面熟地价）×期日修正系数×年期修正系数×容积率修正系数×因素修正系数①

---

① 基准地价法主要在本教材项目五中学习，在这里不作为重点。

1. 估价对象适用的基准地价（楼面熟地价）

查北京市基准地价级别范围，估价对象为居住七级地价区，基准地价（楼面熟地价）为630～1 080元/m^2。根据现场勘察并结合《关于公布本市出让国有土地使用权基准地价应用方法的通知》（京国土房管出〈2002〉1121号）中关于楼面熟地价计算规则，估价对象为住宅用地，按居住用地基准地价（楼面熟地价）高低限的平均值作为基准地价，为（630＋1 080）/2＝855元/m^2。

2. 期日修正系数

期日修正系数＝宗地评估基准日地价指数/基准地价基准日地价指数

根据《北京市基准地价使用说明》中的有关规定，确定本次估价采用的基准地价基准日为2002年1月1日，同时宗地评估基准日为2006年4月1日。根据《2003年中国城市地价指数报告》和《2006年全国城市地价指数报告》，结合北京市地价指数，确定宗地评估基准日地价指数为105，估价时点的地价指数为126。则取期日修正系数为1.2。

3. 年期修正系数

$$年期修正系数=\frac{1-\left[\frac{1}{(1+r)^n}\right]}{1-\left[\frac{1}{(1+r)^m}\right]}$$

其中：r——土地还原利率；

n——宗地剩余使用年限；

m——法定最高出让年限。

估价对象土地使用权期限至2064年2月18日，故剩余使用年限为58年，法定最高使用年限为70年，土地还原利率取6%，因此年期修正系数为0.9826。

4. 容积率修正系数

估价对象现状容积率为1.00。依据《北京市基准地价使用说明》，查容积率修正系数表，得1.177；此外，远郊区县的居住用途容积率修正系数 $X_6=R/1.177$，得到容积率修正系数为1.000。

5. 因素修正系数

估价对象为居住七级地价区，其影响因素和系数如表2－7。

表2－7　　因素修正系数表

序号	影响因素	修正范围（%）	影响因素情况	修正系数（%）
1	居住社区成熟度	－2.7—2.6	周围同类物业很少，社区发展不完善	－1.5
2	交通便捷度	－5.4—5.2	方圆1.5km内无公交站，交通条件不够好	－4
3	区域土地利用方向	－2.7—2.6	所在区域周边土地利用以居住为主	1

续表

序号	影响因素	修正范围（%）	影响因素情况	修正系数（%）
4	临路状况	-2.7—2.6	临支路，邻近立汤路，状况一般	0
5	宗地形状及可利用程度	-2.16—2.08	土地平整，形状较规则，可利用程度较好	2
6	公共服务设施和基础设施状况	-3.24—3.12	附近公共服务设施及基础设施不够完善	-3
7	自然和人文环境状况	-5.4—5.2	该地区噪音、污染均少，自然条件较好；但人文环境一般	2
8	与商业中心接近的程度	-2.7—2.6	距中心距离较远	-2.5
	合　计			-6

因素修正系数 = 1 - 6% = 0.94

6. 计算楼面熟地价

楼面熟地价 = 适用的基准地价（楼面熟地价）× 期日修正系数 × 年期修正系数 × 容积率修正系数 × 因素修正系数

= 855 × 1.03 × 0.9826 × 1.000 × 0.94

= 813 元/m^2

步骤三：求取建筑物的重新购建价格。

1. 建筑物开发成本

（1）建筑物建造成本。估价对象建筑物为四层砖混结构，根据《北京市建设工程预算定额》（2001 年）《北京市建设工程预算定额造价汇编》和《北京市建设工程材料预算价格》、《北京市建设工程机械台班费用定额》以及《北京市建设工程费用定额》及有关文件规定，同时根据估价对象建筑物的基本情况，并参考近期同类型建筑物的估算价格，综合考虑后确定建筑物的直接成本，包括建筑安装工程费、前期设计费用、红线内市政工程费等单位建造成本为 1 172 元/m^2。各项费用见表 2 - 8。

表 2 - 8　　建造费用表　　单位：元

序号	建造成本项目	取费标准	备注
1	建安费用	900	
2	装修费用	100	建安费用的 10%
3	设备及安装费用	100	
4	红线内市政配套	72	建安费用的 8%
合　计		1 172	

（2）专业人士及前期费。包括工程项目的勘察设计费、规划、可研及评估费、施工期间费（监理费、工程咨询、保险等），按建造成本的 13% 计取，为 1 172 × 13% = 152.36（元/m^2）。具体见表 2 - 9。

表 2-9 专业人士及前期费

序号	费用名称	费率（%）
1	勘察设计费	3.00
2	策划、可研、评估、律师等费用	1.00
3	规划许可证	0.10
4	工程及设备招投标服务费	0.42
5	概预算编制审核费	0.25
6	工程监理质量监督	1.80
7	工程保险	0.25
8	竣工图	0.18
9	其他费用	6.00
10	合　计	13.00

(3) 不可预见费。按建造成本的5%计取，则：

不可预见费 = 建造成本 × 取费标准

= 1 172 × 5%

= 58.6（元/m^2）

则：建筑物开发成本 = 1 172 + 152.36 + 58.6 = 1 382.96（元/m^2）

2. 建设单位管理费

建设单位管理费为建筑物开发成本的3%。则：

建设单位管理费用 = 建筑物开发成本 × 3%

= 1 382.96 × 3%

= 41.5（元/m^2）

3. 利息

估价对象开发建设期为1.5年，建筑物开发成本和管理费用在建造期均匀投入，中国人民银行公布的一年期贷款利息为5.58%，则：

利息 = （建筑物开发成本费用 + 管理费用） × $[(1+5.58\%)^{0.75}-1]$

= （1 382.96 + 41.5） × $[(1+5.58\%)^{0.75}-1]$

= 59.2（元/m^2）

4. 利润

取房地产开发企业一年期住宅用途房地产开发平均利润率15%作为开发利润率，则

利润 = 1 382.96 × 15%

= 207.44（元/m^2）

5. 相关税费

根据北京市房地产开发税费情况，取两税一费费率为房地产售价的5.50%，交易手续费为售价的1%，广告及销售代理费为售价的1%—3%，本次取1.5%。上述税费合计为售价的8%。

6. 估价对象建筑物重置价格

$$估价对象建筑物重置价格 = \frac{建筑物开发成本 + 建设单位管理费用 + 利息 + 利润}{1 - 税费率}$$

$$= (1\ 382.96 + 41.5 + 59.2 + 207.4) / (1 - 8\%)$$

$$= 1\ 838.2\ (元/m^2)$$

步骤四：确定估价对象成新率，求取建筑物综合折旧。

对于建筑物采用年限法与观察法综合确定成新率。

估价对象为砖混一等非生产用房，根据《建筑物的耐用年限和残值率表》，可确定其耐用年限为50年，残值率为2%。估价对象建成于1994年，至估价基准日已使用12年，剩余经济寿命为38年；土地使用权终止日期为2064年，距估价基准日还有58年，所以估价对象建筑物的剩余经济寿命应为38年。采用年限法确定的成新率为：

$$q = \left[1 - (1 - R)\frac{t}{N}\right] \times 100\%$$

$$= \left[1 - (1 - 2\%)\frac{12}{50}\right] \times 100\%$$

$$= 76.5\%$$

此外，通过估价人员的现场勘察，估价对象因一直处于空置状态，年久失修，缺乏正常的维护保养，目前室内装修破烂不堪，无法立即正常使用，故综合确定估价对象成新率为75%。

步骤五：求取房地产的积算价格。

则估价对象积算价格（重置成新价格）为：

$$估价对象重置成新价格 = 土地重新购建价格 + 建筑物重置价格 \times 成新率$$

$$= 813 + 1\ 838.2 \times 75\%$$

$$= 2\ 192\ (元/m^2)$$

【提示】

由于成本法和市场法所用数据不同，所以实地查勘估价对象所采集的信息内容要求也不完全相同。但一般在一个项目的估价中，实地查勘估价对象时就考虑到所采集的数据是为两种方法服务的，所以只需一次实地查勘即可（外业）。但是在内业工作中，如发现缺少需要实地查勘才能提供的资料，就要再次进行外业工作。

子项目二　居住房地产抵押价值评估

引导案例

2006年7月20日，北京皓天房地产评估有限公司接受建设银行朝阳公园支行的委托，承诺为张女士所有位于北京市朝阳区朝阳公园南路××号院××公寓房地产（建筑面积为220.33m^2）一套进行房地产抵押价值评估，为确定住房抵押贷款额度提供参考依据①。

---

① 本案例选自《2007房地产与土地估价报告选编》，估价目的为确定房地产抵押贷款额度提供参考依据；股价时点为2006年7月20日，价值定义为估价对象在现状适用条件和剩余土地使用年期下于估价时点的房地产抵押价值。快速变现价值是在市场价值基础上，考虑了快速变现因素的价值；估价原则包括合法原则、最高最佳使用原则、替代性原则、估价时点原则和谨慎原则。

知识链接

随着我国房地产金融市场的不断发展和完善，居住房地产抵押的行为处处可见，尤其是在购买住宅时，大多数人都选择住房抵押贷款的方式。所以居住房地产抵押价值评估也是房地产估价的主要业务之一。居住房地产抵押估价，是指为确定房地产抵押贷款额度提供价值参考依据，对居住房地产抵押价值进行分析、估算和判定的活动。

居住房地产抵押价值评估的服务对象主要是金融机构，而金融机构需要的是安全、稳定和谨慎。所以居住房地产抵押价值评估机构和估价人员处于中介的位置，应当遵守独立、客观、公正、合法和谨慎的原则，注意规避相关风险。选用估价方法时，一般尽量将成本法作为一种估价方法。具体来讲，不同类型的居住房地产具有不同的估价特点和估价技术路线。对于完全产权的居住房地产（主要指居住类商品房），可根据具体情况采用市场法、收益法和成本法估价。对于非完全产权的居住房地产，主要包括廉租房、经济适用房、房改房、央产房、公房等，一般应当选择下列方式之一评估其抵押价值：一是直接评估在划拨土地使用权下的市场价值；二是评估假设在出让土地使用权下的市场价值，再扣除划拨土地使用权应缴纳的土地使用权出让金或者相当于土地使用权出让金的价款。居住房地产抵押价值评估比较难的是预售商品房抵押价值评估。一般估价方法可选用成本法和假设开发法。

居住房地产抵押价值评估不同于其他类型评估的地方还在于“房地产抵押估价报告应当包括估价对象的变现能力分析”[①]。

【关键术语】

一、房地产抵押

房地产抵押是指抵押人以其合法的房地产以不转移占有的方式向抵押权人提供债务履行担保的行为；抵押人不履行债务时，抵押权人可以与抵押人协议以抵押财产折价或者有权依法以抵押的房地产拍卖所得的价款优先受偿。

二、房地产抵押价值

房地产抵押价值是假设债务履行期届满债务人不能履行债务，拍卖、变卖抵押房地产最可能得到的价款或者抵押房地产折价的价值扣除优先受偿的款额后的余额。《房地产估价规范》6.4.2 条规定：“房地产抵押价值评估，应采用公开市场价值标准，可参照设定抵押权时的类似房地产的正常市场价格进行，但应在估价报告中说明未来市场变化风险和短期强制处分等因素对抵押价值的影响。”

三、变现能力

变现能力是指假定在估价时点实现抵押权时，在没有过多损失的条件下，将抵押房地产转换为现金的可能性。变现能力分析应当包括抵押房地产的通用性、独立使用性或者可分割转让性等方面的分析，假定在估价时点拍卖或者变卖时抵押物最有可能实现的价格与评估的市场价值的差异程度，变现的时间长短以及费用、税金的种类、数额和清偿顺序。

---

① 参见《房地产抵押估价指导意见》。

任务描述 2－1

市场法评估居住房地产抵押价值。小陆等人通过对待估对象及其所处区域的基本了解，认为待估对象所处区域有公开的、活跃的类似房地产的交易市场，可以找到足够数量的、正常的房地产交易比较案例，同时该交易案例与待估对象具有替代性，所以可以采用市场法进行评估。

解决方案

步骤一：通过实地查勘估价对象等途径和方法搜集估价对象和市场相关资料并进行分析（要求有实地查勘估价对象表和资料清单），进行个别因素、区域因素、市场背景、最高最佳使用分析。

小陆等人经过资料的搜集、核对和分析，进行了如下分析：

1. 个别因素分析

（1）小区情况。朝阳公园南路××号院占地面积 7 万 m^2，总建筑面积近 30 万 m^2，包括 11 栋 23～33 层的公寓楼；内有一座大型社区幼儿园，以及一座商场和 5 000m^2 的高级会所。小区 11 栋楼采用围合对称式布局，形成集中的 3 万 m^2 的中央大花园，并建有下沉式广场。地下车库分别在不同方向均有出入口，机动车出行方便且不影响住户地面的活动。地下车库数量充足，车库和住户比例达 1.5∶1。

（2）建筑物状况。估价对象所在××楼建成于 2003 年，地上 28 层和地下 2 层，钢混结构，南北向板楼，每层 2 户。估价对象位于 21 层（编号 25 层）。楼内电梯直通地下车库。

（3）设施设备情况。楼内采用插卡式电表，地板采暖，水、电、燃气、电讯、有线、中央空调等设施齐全。户内独立供暖，远程抄表系统，室内安装中央空调。

（4）装修情况。楼内公共部分的地面、墙面采用高档石材。居室内部精装，其中卧室地面铺木地板；客厅地面铺花纹地砖和高档石材拼花案，石膏材质的艺术造型吊顶；墙面贴高档壁纸；厨卫精装；窗户中空双层玻璃。

（5）可利用性。估价对象套内建筑面积占总建筑面积约 80%，内部平面布局为三室二厅二卫。客厅与餐厅相连，客厅北向，落地玻璃大窗户，面向朝阳公园；餐厅窗户南向，面向小区内中心花园；主卧带一卫生间，窗户北向可观朝阳公园景观；另有两卧室，一个客卫、储藏间等。客卫为明卫，面积约 10m^2。室内平面布局规则，窗户利于采光和观景，但不零乱，室内总体可利用性较高。

（6）物业管理。小区有专业的物业管理，进行安全和清洁维护等。楼内大堂设保安，24 小时中控进行安全监控。

（7）估价对象权利状况。根据《房屋所有权证》（京房权证朝私 06 字第××号），房屋所有权人为××，房屋建成年代为 2003 年，根据《房屋所有权证》所载，土地使用权终止期限为 2072 年 7 月 20 日。截至估价时点，估价对象未发现设定抵押等他项权利，未发现权属纠纷。

2. 区域因素分析

（1）地理位置。估价对象位于北京市朝阳区朝阳公园南路××号院，东四环以里，北临朝阳公园南路、西临甜水园街、南临规划的姚家园路，东临现状路，东距东四环朝阳公园桥约 500m。

（2）道路通达度。估价对象北侧的朝阳公园南路是连接东四环和东三环的交通干道，西侧的甜水园街又将朝阳公园南路和朝阳路、朝阳北路及建国路连接起来，南侧规划的姚家园路通车后，将缓解朝阳公园南路朝阳公园桥的交通压力。项目周边形成四通八达的交通网络，道路通达度高。

(3) 交通便捷度。在估价对象周边200m内，甜水园街、朝阳公园南路有多路公交车通行，如：302、705、350、412、707、834、734、952、976等，可直达京城多个方向，交通便捷度为好。

(4) 公共设施以及基础设施状况。项目周边已发展成为成熟居住区，银行、超市、医院、学校、幼儿园、餐饮、娱乐等公共配套设施齐全，朝阳公园、红领巾公园、郡王府、京客隆等构成了该区域十分便利的居住生活条件。基础设施达到“七通”（包括通路、上水、下水、电力、通讯、供气、供暖），并能满足需要，公共配套和基础设施完善。

(5) 居住环境。估价对象是环朝阳公园高档住宅项目之一，与公园大道、观湖国际、东山墅、泛海国际公寓及朝阳公园西路的多个项目共同构成环朝阳公园高档住宅区。小区内建有特色花园，山、水、花、草等形成独特的宜居生态环境；此外，该项目业主主要是高收入人群，居住人口类型较一致，人员素质较高。

(6) 周边同类型物业市场分析。围绕朝阳公园，已形成京城东部高档住宅区，包括东四环南侧的公园大道，东四环外东山墅、观湖国际、泛海国际，西侧的北京golf公寓、九号国际公寓、京达国际公寓、龙阁等，销售价格四环以内平均在18 000—22 000元/m^2，泛海国际近期开盘，均价15 000元/m^2。观湖国际尚未交付使用，邻四环可观公园景观的一面销售价格也在18 000元/m^{2}以上。这类项目的共同特点是小区内配套完善，物业管理专业，形成了一个环朝阳公园的高档住宅区。

3. 市场背景分析（略）

4. 最高最佳使用分析（略）

步骤二：选取比准实例。

小陆等人根据北京市当时房地产市场的状况，按照用途一致、交易正常、价格接近、区域特性和个别条件相近等比准案例选择原则，选取了三个比准实例。它们的基本情况见表2-10。

表2-10　　比准案例基本情况表

项目名称	××公寓	××公寓	××公寓
所在位置	朝阳区朝阳公园西里南区××号	朝阳区朝阳公园西门××号	朝阳区朝阳公园南路××号
物业属性	高档公寓	高档公寓	高档公寓
成交单价（元/m^2）	18 800	19 000	22 000
交易时间	2006年7月	2006年7月	2006年7月

步骤三：选择比较因素，并进行各比较因素的修正，求取比准价格及估价对象价格。

小陆等人经过讨论，选择了交易时间、交易情况、区域因素和个别因素等进行比较，详见表2-11、表2-12、表2-13和表2-14。

表 2－11　　比较因素条件描述表

比较因素		估价对象	比较案例一	比较案例二	比较案例三
物业名称		朝阳公园南路××号	××公寓	××公寓	××公寓
物业位置		朝阳公园南路××号	朝阳区朝阳公园西里南区××号	朝阳区朝阳公园西门××号	朝阳区朝阳公园南路××号
交易时间		2006 年 7 月	2006 年 7 月	2006 年 7 月	2006 年 7 月
交易情况		正常市场交易	正常市场交易	正常市场交易	正常市场交易
区域因素	区域土地利用方向	居住为主	居住为主	居住为主	居住为主
	商服繁华度	周边 2km 内较大规模的便利店有京客隆，以及配套社区小商店等，商服繁华度较高	周边 2km 内较大规模的便利店有京客隆，以及配套社区小商店等，商服繁华度较高	周边 2km 内较大规模的便利店有京客隆，以及配套社区小商店等，商服繁华度较高	周边 2km 内较大规模的便利店有京客隆，以及配套社区小商店等，商服繁华度较高
	道路通达度	北临农展馆南路、西临西大望路、向东部 500m 即可达到东四环，道路通达度好	在朝阳公园西门外，临朝阳公园路，为支路，道路通达度较好	在朝阳公园西门外，临朝阳公园路，为支路，道路通达度较好	紧邻东四环和农展馆南路，出行可直接上东四环，道路通达度好
	交通便捷度	302、31、117、350、406、703、705、710、731、815、831、847、906 路等 18 条公交线路可达小区，交通便利	有 419、31 路等公交车，但公交出行主要靠朝阳公园南路。交通较便利	有 419、31 路等公交车，但公交出行主要靠朝阳公园南路。交通较便利	608、350、729、754、734、834、406、运通 111、750、831 路等多条公交线路直达。另有四环和姚家园路，交通便利
	公共设施完善程度	周边为成熟居住区，银行、超市等公共配套设施齐全，小区南面有京客隆大型超市，生活较便利	紧邻朝阳公园西门，周边以精品商店为主，银行、超市等公共设施均需到附近街道	紧邻朝阳公园西门，周边以精品商店为主，银行、超市等公共设施均需到附近街道	周边为成熟居住区，银行、超市等公共配套设施齐全，小区南面有京客隆大型超市，生活较便利
	基础设施完善程度	“七通一平”	“七通一平”	“七通一平”	“七通一平”
	环境质量	北面邻朝阳公园、南面距红领巾公园约 300m，业主以高收入人群为主，但临朝阳公园南路有一定的交通噪音及空气污染。环境较好	紧邻朝阳公园西门，业主以高收入人群为主，环境好	紧邻朝阳公园西门，业主以高收入人群为主，环境好	北面邻朝阳公园、南临红领巾公园，业主以高收入人群为主，但有一定的交通噪音及空气污染。环境好
个别因素	建筑结构	钢混	钢混	钢混	钢混
	建筑形式	板楼	板楼	板楼	板楼
	物业管理情况	全封闭的小区，专门的物业管理，物业管理费：5.5—6 元/m^2·月	全封闭的小区，专门的物业管理，物业管理费 8.5 元/m^2·月	全封闭的小区，专门的物业管理，物业管理费：8.27 元/m^2·月	全封闭的小区，专门的物业管理，物业管理费：6.5 元/m^2·月

续表

比较因素		估价对象	比较案例一	比较案例二	比较案例三
个别因素	设施设备情况	插卡式电表，集中供暖，水、电、燃气、电讯、有线电视等设施齐全	插卡式电表，集中供暖，水、电、燃气、电讯、有线电视等设施齐全	一梯一户，插卡式电表，集中供暖，水、电、燃气、电讯、有线电视等设施齐全	插卡式电表，集中供暖，水、电、燃气、电讯、有线电视等设施齐全
	公共部分装修	高档材料精装修	高档材料精装修	高档材料精装修	高档材料精装修
	居室内部装修	高档材料精装修	高档材料精装修	高档材料精装修	高档材料精装修
	居室所在楼层	较高楼层	较高楼层	较低楼层	较高楼层
	居室的朝向	南北	南北	南北	南北
	居室利用性	三室两厅两卫，利用性好	三室两厅两卫，利用性好	三室两厅两卫，利用性好	三室两厅两卫，利用性好
	居室采光通风	南北朝向，周围无遮挡，室内采光通风较好	南北朝向，周围无遮挡，室内采光通风较好	南北朝向，周围无遮挡，室内采光通风较好	南北朝向，周围无遮挡，室内采光通风较好
	居室观光	北向房间可直观朝阳公园景观，观光效果好	没有对朝阳公园直接观光的房间，观光效果一般	没有对朝阳公园直接观光的房间，观光效果一般	北向房间可直观朝阳公园景观，观光效果好
	小区内部环境	中央大花园	楼间精致花园	楼间精致花园，较大	中央花园
	房屋建成年代	2003	2006	2004	2004

表 2－12　　比较因素条件说明表

比较因素		估价对象	比较案例一	比较案例二	比较案例三
物业名称		朝阳公园南路××号	××公寓	××公寓	××公寓
物业位置		朝阳公园南路××号	朝阳区朝阳公园西里南区××号	朝阳区朝阳公园西门××号	朝阳区朝阳公园南路××号
交易时间		2006 年 7 月	2006 年 7 月	2006 年 7 月	2006 年 7 月
交易情况		正常市场交易	正常市场交易	正常市场交易	正常市场交易
区域因素	区域土地利用方向	居住为主	居住为主	居住为主	居住为主
	商服繁华度	较高	较高	较高	较高
	道路通达度	道路通达度好	道路通达度较好	道路通达度较好	道路通达度好
	交通便捷度	交通便利	交通较便利	交通较便利	交通便利
	公共设施完善程度	生活便利	生活较便利	生活较便利	生活便利
	基础设施完善程度	“七通一平”	“七通一平”	“七通一平”	“七通一平”
	环境质量	环境较好	环境好	环境好	环境好

续表

比较因素		估价对象	比较案例一	比较案例二	比较案例三
个别因素	建筑结构	钢混	钢混	钢混	钢混
	建筑形式	板楼	板楼	板楼	板楼
	物业管理情况	高档物业管理	高档物业管理	高档物业管理	高档物业管理
	设施设备情况	设施齐全	设施齐全	设施齐全	设施齐全
	公共部分装修	高档材料精装修	高档材料精装修	高档材料精装修	高档材料精装修
	居室内部装修	高档材料精装修	高档材料精装修	高档材料精装修	高档材料精装修
	居室所在楼层	较高楼层	较高楼层	较低楼层	较高楼层
	居室的朝向	南北	南北	南北	南北
	居室利用性	三室两厅两卫，利用性好	三室两厅两卫，利用性好	三室两厅两卫，利用性好	三室两厅两卫，利用性好
	居室采光通风	好	好	好	好
	居室观光	观光效果好	观光效果一般	观光效果一般	观光效果好
	小区内部环境	中央大花园	楼间精致花园	楼间精致花园，较大	中央花园
	房屋建成年代	2003	2006	2004	2004

表 2－13　　比较因素条件指数表

比较因素		估价对象	比较案例一	比较案例二	比较案例三
物业名称		朝阳公园南路××号	××公寓	××公寓	××公寓
交易时间		100	100	100	100
交易情况		100	100	100	100
区域因素	区域土地利用方向	100	100	100	100
	商服繁华度	100	100	100	100
	道路通达度	100	98	98	100
	交通便捷度	100	98	98	99
	公共设施完善程度	100	99	99	100
	基础设施完善程度	100	100	100	100
	环境质量	100	101	101	101
个别因素	建筑结构	100	100	100	100
	建筑形式	100	100	100	100
	物业管理情况	100	100	100	100
	设施设备情况	100	100	100	100
	公共部分装修	100	100	100	100
	居室内部装修	100	100	100	100
	居室所在楼层	100	100	98	100
	居室的朝向	100	100	100	100

续表

比较因素		估价对象	比较案例一	比较案例二	比较案例三
个别因素	居室利用性	100	100	100	100
	居室采光通风	100	100	100	100
	居室观光	100	98	98	100
	小区内部环境	100	98	98	99
	房屋建成年代	100	100	100	100

表中有关修正说明如下：

1. 交易时间及交易情况：交易案例与估价对象相比均为近期的正常交易，不做修正；

2. 道路通达度、交通便捷度、商服繁华度、公共设施完善程度及社区周边环境质量：与估价对象相比，相差 1 个等级，修正 +1%；

3. 建筑结构：分为钢混和砖混两个等级，相差 1 个等级，修正 ±1%。交易案例与估价对象均为钢混，不做修正；

4. 建筑形式：分塔楼、板楼 2 个等级，相差 1 个等级，修正 ±1%。交易案例与估价对象均为板楼，不做修正；

5. 物业管理情况、居室利用性、采光通风情况、维护情况与估价对象相比，相差 1 个等级，修正 ±1%；

6. 设施设备情况、公共部分装修、居室内部装修、居室所在楼层、居室朝向、小区内环境：与估价对象相比，每差 1 个等级修正 1%，个别根据实际情况结合估价师经验进行修正。

表 2－14　　因素比较修正系数表

比较因素		估价对象	比较案例一	比较案例二	比较案例三
物业名称		朝阳公园南路××号	××公寓	××公寓	××公寓
交易价格（元/m^2）		待估	18800	19000	22000
交易时间		100/100	100/100	100/100	100/100
交易情况		100/100	100/100	100/100	100/100
区域因素	区域土地利用方向	100/100	100/100	100/100	100/100
	商服繁华度	100/100	100/100	100/100	100/100
	道路通达度	100/100	100/98	100/100	100/100
	交通便捷度	100/100	100/98	100/98	100/99
	公共设施完善程度	100/100	100/99	100/99	100/100
	基础设施完善程度	100/100	100/100	100/100	100/100
	环境质量	100/100	100/101	100/101	100/101
个别因素	建筑结构	100/100	100/100	100/100	100/100
	建筑形式	100/100	100/100	100/100	100/100
	物业管理情况	100/100	100/100	100/100	100/100
	设施设备情况	100/100	100/100	100/100	100/100
	公共部分装修	100/100	100/100	100/100	100/100
	居室内部装修	100/100	100/100	100/100	100/100
	居室所在楼层	100/100	100/100	100/98	100/100
	居室的朝向	100/100	100/100	100/100	100/100
	居室利用性	100/100	100/100	100/100	100/100
	居室采光通风	100/100	100/100	100/100	100/100
	居室观光	100/100	100/98	100/98	100/100
	小区内部环境	100/100	100/98	100/98	100/99
	房屋建成年代	100/100	100/100	100/100	100/100
比准价格（元/m^2）			20 384	21 022	22 224

其中比准价格 = 比较案例交易价格 × 交易情况修正系数 × 交易时间修正系数 × 区域因素修正系数 × 个别因素修正系数

各交易实例修正后的比准价格接近，因此取其算术平均值作为评估对象的单位价值，即估价对象的单价为：

(20 384 + 21 022 + 22 224) /3 = 21 210 (元/m^2)，总价为 467. 32 万元。

【提示】

住宅估价实地勘察一般包括三方面内容：一是区域住宅项目的勘察，把握区域居住类房地产的特点、公共设施和基础设施、交通情况等；二是对项目小区总体情况的勘察，包括小区内楼群的布局、环境、业主情况、配套和设施完善情况、人流和车流、物业和报案、出行便捷等；三是估价对象个别因素的勘察，包括权属情况、大楼的结构、质量、楼内公共部位的装修、布局、可利用性、装修和景观、可能存在的缺陷情况等。二手住宅估价由于所选取的比准实例基本都是同一区域，所以应对个别因素重点勘察。此外，在案例选择上，可与房屋中介交易机构合作，可选择的交易案例较多，但由于位置完全相同或相近，区域因素修正较少，重点是个别因素的修正，因此选择修正因素要合理，应视反映估价对象特点为准。

任务描述 2 – 2

收益法评估居住房地产抵押价值。小陆等人根据估价对象的特点和估价目的、对邻近地区市场状况的调查和对估价对象的实地勘察，认为与估价对象同类的房地产出租市场十分活跃，租金水平比较透明，可以采用收益法进行估价。具体来说，选用报酬资本化法进行估价①。

【关键术语】：报酬资本化法

报酬资本化法（Yield Capitalization）是收益法估价中的一种重要的方法，也称为现金流折现法（Discounted Cash Flow，DCF），是将房地产未来各期的净收益的现值之和作为其价值的方法。具体来说，就是预测估价对象未来各期的净收益（净现金流量），选用适当的报酬率（折现率）将其折现到估价时点后相加来求取估价对象价值的方法。

解决方案

步骤一：实地踏勘估价对象，搜集有关收入和费用的资料，编制实地踏勘估价对象表，列出资料清单，并注明来源（略）。

步骤二：估算潜在毛收入、有效毛收入、运营费用和净收益。

1. 潜在毛收入

租金（潜在毛收入）：小陆等估价人员通过走访调查，了解到估价对象所在区域周边类似小区及 200m^2 左右的房屋租金每月在 20 000—25 000 元/月（见表 2 – 15）。考虑到估价对象小区的品质、估价对象楼层较好及面积较大等因素，综合考虑取月租金客观收益为22 000 元/月。

---

① 收益法的具体训练见项目三，在此仅作为参考。

表 2-15 周边项目租赁情况调查表

项目名称	公园大道	国兴·观湖国际	高尔夫	棕榈泉
项目照片	（略）			
所在位置	朝阳公园南路	朝阳公园东门对面	朝阳公园西门	朝阳公园南路
物业属性	高档公寓	高档公寓	高档公寓	高档公寓
建筑面积（m^2）	135	126	310	228
楼层	15	16	18	16
户型	二居室	二居室	四居室	四居室
租金报价或成交价(元/月)	11 000	10 000	35 000	25 000
物业管理费报价	6.50 元/m^2·月	3.98 元/m^2·月	3.18 元/m^2·月	5.6 元/m^2·月(塔楼)；7.35 元/m^2·月(板楼)
供暖费	中央空调，费用待定	市政供暖，费用待定	集中供暖，费用待定	地板采暖，费用待定
车位费报价	地上 150 元/月	地上 150 元/月	地上 150 元/月	地上 150 元/月
一般租约期限	1 年	1 年	1 年	1 年
租赁时间	2006 年 5 月	2006 年 7 月	2006 年 7 月	2006 年 7 月
所在小区出租房屋空置情况	较少空置	较少空置	较少空置	较少空置

据了解，上述租金中含物业费，除供暖费（独立供暖）及日常水电通讯费用外，其他费用由业主支付。租金支付方式多选择押一交一的方式。押金利息收入较低，在评估中不计入年潜在毛收入。

2. 有效毛收入

要确定有效毛收入，必须确定空值率。

空置率：根据市场调查，周边同类物业目前一般出租率可达 90%—95%，按照一般的操作方式，全年按 11 个月计算租金收入。

估价对象年有效毛收入计算过程如下：

年有效毛收入 = 月租金 × 年月份数 ×（1 - 空置率）= 22 000 × 11 = 242 000（元）

3. 年运营费用

根据房地产估价规范和有关政策，出租物业的运营费用主要包括维修费、保险费、管理费及相关税费等。北京市对个人出租房的业主收取 5% 的综合税；估价对象物业管理费 5.5 元/m^2·月，约占有效毛收入的 6%；此外，经测算保险费和维修费等约占有效毛收入的 1%。总计年运营费用约占年有效毛收入的 12%。

年运营费用 = 年有效毛收入 × 年运营费用率 = 242 000 × 12% = 29 040（元）

4. 年净收益

净收益为有效毛收入减去运营费用，则估价对象年净收益为：

年净收益 = 年有效毛收入 - 年运营费用 = 242 000 - 29 040 = 212 960（元）

步骤三：选取适当的报酬率。

资本化率采用安全利率加上风险调整值的方法来求取。所谓安全利率，是指无风险的资本投资收益率，以银行一年期存款利率作为安全利率，考虑到估价对象的用途、利润、风险，结合近期北京市房地产市场供求现状以及同类物业的投资风险和行业报酬率，确定资本化率。于估价时点，一年期定期存款利率为2.25%，扣除20%的所得税，一年期定期存款实际收益率为1.8%，取3%的安全风险调整值，报酬率为4.8%。

步骤四：求取收益价格。

根据委托方说明及现场调查，估价对象的建成年代为2003年，钢混结构住宅房屋经济耐用年限为60年，则截至到估价时点，估价对象建筑物经济寿命剩余使用年限为57年。但经调查，估价对象土地使月权终止日期为2072年7月，则截至到估价时点剩余土地使用年期为66年；按目前市场上同类住宅的经济年限，一般钢混结构的房屋经济使用年限往往长于60年，因此取剩余土地使用年期为估价对象的收益年限。

本次估价，估价师选用的计算公式为：

$$P=\frac{a}{i}\times\left[1-\frac{1}{(1+i)^{n}}\right]$$

其中，P为评估值，a为年净收益，n为收益年限，i为报酬率。

则根据上述公式计算估价对象收益价格为423.57万元，单价为19 224元/m^2。

【提示】

在用收益法进行估价时，确认有效毛收入、运营费用、资本化率、选用适当的年限和计算公式都是非常重要的。一般来说，收入和费用的数据来源于估价人员到小区内部、房地产中介交易结构的走访调查和相关的网站，如北京市房地产交易管理网等。在走访调查中，一般要制定周边项目租赁情况调查表（见表2-15）。此外，还要求估价人员熟悉当地的最新的租赁税费政策。资本化率的确定要由估价师运用相关的原理及技术来进行确认。所以，在用收益法估价作业中，搜集资料时要特别注意搜集相关的租赁收入、费用以及租赁税费政策等信息。

此外，在收益法估价中，搜集到的数据时间单位有的是月，有的是年，在计算中，要注意统一为年。

任务描述2-3

根据市场法和收益法的估价结果确认估价对象抵押价值。

解决方案

步骤一：确定估价对象市场价格。

根据对当前住宅房地产市场的分析和对估价对象周边市场的了解，住宅交易案例较多，市场比较法计算结果较客观地体现了物业的市场价值；房屋租赁也是同类项目普遍的经营方式，收益法计算结果也可以反映估价对象的客观收益价值。因此，对两种方法估算结果各取50%权重，确定估价对象的市场价值。

估价对象市场总价=467.32×50%+423.57×50%=445.45（万元）

步骤二：确定估价对象抵押价值。

估价对象抵押价值是市场价值扣除优先受偿款。估价对象没有设定抵押，也没有其他优先受偿款，因此，估价对象的抵押价值为：

房地产抵押价值=房地产市场价值-优先受偿款

=445.45-0=445.45（万元）

【提示】

抵押价值和市场价值存在区别，但在某些情况下，抵押价值等同于市场价值。

任务描述 2-4

进行估价对象变现能力分析和快速变现价值确认。

解决方案

步骤一：分析估价对象变现能力。

变现能力是指假定在估价时点实现抵押权时，在没有过多损失的条件下，将抵押房地产转换为现金的可能性。

1. 房地产的通用性、独立使用性或者可分割转让性

其中通用性是指估价对象规划用途相对于特殊类型的房地产而言是否常见、普遍使用；独立使用性是指估价对象可否独立使用而不受限制；可分割转让性是指估价对象在物理上、经济上是否可以分开来使用。估价对象的用途为单元住宅，独立使用性较强，不可分割转让。

2. 变现的时间长短

估价对象是一套高档商品住宅，已取得《房屋所有权证》，房屋产权手续合法、完备，没有产权纠纷，也没有设置抵押等他项权利等，因此具备较好的市场流通性质，较易变现。

3. 快速变现的方式

房地产快速变现的方式多种，但根据有关规定，银行抵押房地产的处置方式多为公开拍卖形式。该种形式决定了信息的多寡、拍卖价格受竞买人的数量、一次性现金支付压力等的影响。

4. 变现价值与市场价值的差异

估价师评估的价格是在广泛收集市场资料和估价对象信息的基础上，运用科学的估价方法进行评估的结果，是对估价对象在公开市场条件下可能的市场价格的反映；快速变现时，受多种交易因素的影响，确定的拍卖底价与评估的市场价可能存在一定的差异。本报告估价对象享有独特的环境资源，是环朝阳公园高档住宅项目之一，因位置的优越性和资源的稀缺性，引起对该类物业需求的增长。因此，物业具有吸收高收入人群的特点和增值的潜力，缩小了项目变现价值和市场价值的差异。本估价对象变现价值楼面单价 17 184 元/m^2，评估市场价 20 217 元/m^2，与周边同类房屋交易比较，具有较强的变现能力。

5. 变现可能产生的费用

拍卖过程需要发生的费用主要有拍卖手续费、底价评估费和律师费等，另外估价对象交易还需发生营业税、城市维护建设税、教育费附加等税费。变现价值中没有扣除变现时可能产生的费用。

步骤二：确定估价对象变现价值。

根据对抵押品拍卖市场的调查，拍卖底价一般是市场价格的 80%—85%，具体视拍卖品的市场交易风险不同。根据对估价对象的快速变现能力的分析，小陆等人认为估价对象具有较高的变现能力，因此，取 85% 为快速变现率，因此，快速变现价值为：

$445.45\times85\%=378.63$（万元）

【提示】

委托方以估价对象抵押申请短期贷款或循环贷款，贷款银行要求出具快速变现价值。即在分析估价对象变现能力和影响快速变现因素的基础上，确定估价对象在估价时点快速变现时的价值。这也是《房地产抵押估价指导意见》中的要求。

课堂训练①

1. 练习题 1

为评估某高档公寓 2007 年 10 月 1 日的正常市场价格，估价师在该高档公寓附近调查选取了 A、B、C 三宗类似写字楼的交易案例作为可比实例，并对估价对象和可比实例在交易情况、市场状况及房地产状况等方面的差异性进行了分项目的详细比较，根据比较结果，结合各因素对房地产价格影响的重要性，得出了可比实例价格修正与调整表（见表 2－16）。

在表 2－16 的交易情况中，正（负）值表示可比实例价格高（低）于其正常市场价格的幅度；房地产状况中，正（负）值表示可比实例房地产状况优（劣）于估价对象房地产状况的导致的价格差异幅度。

另假设人民币与美元的市场汇率 2007 年 3 月 1 日为 1:7.7395，2007 年 10 月 1 日为 1:7.6850；该类公寓以人民币为基准的市场价格 2007 年 1 月 1 日至 2007 年 2 月 1 日基本保持不变，2007 年 2 月 1 日至 2007 年 5 月 1 日平均每月比上月下降 1%，以后平均每月比上月上升 0.5%。请利用上述资料测算该公寓 2007 年 10 月 1 日的正常市场价格。

表 2－16　可比实例价格修正与调整数

项　目	可比实例 A	可比实例 A	可比实例 A
成交价格	5 000 元人民币/m²	680 美元/m²	5 500 元人民币/m²
成交日期	2007. 1. 1	2007. 3. 1	2007. 7. 1
交易情况	+2%	+5%	-3%
房地产状况	-8%	-4%	+6%

2. 练习题 2

为评估某商品住宅 2007 年 8 月 15 日的正常市场价格，在该住宅附近调查选取了 A、B、C 三宗类似住宅的交易实例作为可比实例，有关资料如下。请利用这些资料测算该商品住宅 2007 年 8 月 15 日的正常市场价格。

（1）可比实例的成交价格及成交日期见表 2－17。

表 2－17　可比实例成交价格及成交日期

项　目	可比实例 A	可比实例 B	可比实例 C
成交价格	3 700 元/m²	4 200 元/m²	3 900 元/m²
成交日期	2007. 3. 15	2007. 6. 15	2007. 7. 15

（2）交易情况的分析判断结果见表 2－18。表中交易情况的分析判断是以正常市场价格

① 本项目主要训练市场法和成本法。收益法在下一项目中进行相关习题训练。

为基准，正值表示可比实例成交价格高于其正常市场价格的幅度，负值表示低于其正常市场价格的幅度。

表 2－18　　可比实例交易情况分析判断结果

项　目	可比实例 A	可比实例 B	可比实例 C
交易情况	－2%	0	＋1%

（3）该类住宅 2007 年 2 月至 8 月的价格指数见表 2－19。表中价格指数为定基价格指数。

表 2－19　　同类房地产价格变动情况

月　份	2	3	4	5	6	7	8
价格指数	100	92.4	98.3	98.6	100.3	109	106.8

（4）房地产状况的比较判断结果见表 2－20。

表 2－20　　房地产状况比较判断结果

房地产状况	权重	估价对象	可比实例 A	可比实例 B	可比实例 C
区位状况	0.5	100	105	100	80
实物状况	0.3	100	100	110	120
权益状况	0.2	100	120	100	100

3. 练习题 3

有一建筑物，建筑总面积为 100m^2，已使用 10 年，单位建筑面积的重置价格为 500 元/m^2，耐用年限为 30 年，残值率为 5%。用直线折旧法（等额法）计算该建筑物的年折旧额、折旧总额，并估计其现值。

课后训练

1. 由教师指定某居住房地产（普通住宅、公寓等均可），要求学生进行实地勘察。

（1）按照任务描述 2－1 和任务描述 2－3 后提示的内容编制《实地勘察记录表》。

（2）完成实地勘察过程中的估价对象及其周边环境的拍摄工作。

2. 通过网络、杂志、报刊等搜集当前当地的二手房交易的交易政策、税费政策等相关规定。

（1）列出政策规定的具体名称，实施时间以及主要内容。

（2）标明资料来源。

3. 由教师给出某居住房地产的区位、权益和实物信息，根据这些信息学生分组寻找 5 个交易案例。

（1）编制交易案例调查表。

（2）确定可比案例。

4. 由教师指定某租赁型公寓，要求学生通过走访调查等方式完成对该公寓用收益法进行估价所需要的潜在毛收入、有效毛收入、空置率、运营费用等数据的搜集、整理和测算。

（1）学生分组，一般3—4人一组；

（2）要求学生编制《周边项目租赁情况调查表》；

（3）确定估价对象若用收益法估价所需要的净收益和运营费用等。要求说明理由。

5. 使用Excel计算子项目一、二中解决方案的案例及课堂训练的练习题1-3，并形成Excel文档。

项目三　商业房地产公开市场价值估价

学习目标

- 能够把握商业房地产及其估价的特点
- 能够针对商业房地产转让估价确定估价所需要搜集的资料并进行搜集、分析工作
- 能够运用市场法、收益法等基本方法对商业房地产转让进行估价

本项目包含两个子项目：收益法商业房地产公开市场价值估价、市场法商业房地产公开市场价值估价。

子项目一　收益法商业房地产公开市场价值估价

引导案例

2006 年 11 月 10 日，北京皓天房地产评估有限公司接受×××有限责任公司的委托，承诺为其所有的位于北京市崇文区东花市的某建筑物底商一二层（含分摊的土地使用权价值和建筑物价值）进行房地产公开市场价值评估，为其进行资产核算处置提供参考依据①。

知识链接

随着我国城市化进程的加快和经济水平的快速提高，城市商业服务功能越来越受到重视，商业房地产随之发展起来。作为一种重要的生产资料和资产形式，商业房地产在各种经济活动中诸如买卖、租赁、拍卖、资产处置等中频频出现，进而商业房地产估价需求日渐增多。

一般来说，商业房地产由于其生产资料的属性，在正常情况下，其价格或租金由其经营收益的持续能力决定。但商业房地产由于商业业态繁多而种类纷繁，这些不同种类的商业房地产具有不同的经营特点。估价人员在进行估价时，要注意把握这一点。

但普遍来说，所有商业房地产都具有一些相同的特点，也就使商业房地产估价有一些相同的特点。包括收益性；经营内容、业态繁多；出租、转租频繁，产权分散复杂；装修高档

① 本案例选自《2007 房地产与土地估价报告选编》，估价目的是确定估价对象于估价时点的公开市场价值，为委托方了解物业市值、资产处置提供客观、合理的价值参考依据；估价时点为 2006 年 11 月 10 日，价值定义是估价对象在完全产权状态下，在正常使用条件下的公开市场价值（考虑当前与预测期市场情况变化），包括估价对象应分摊的土地使用权价值和房屋建筑物价值；估价原则包括合法原则、最高最佳使用原则、替代原则和估价时点原则。

以及垂直空间价值衰减性明显等。这就要求估价人员在估价的过程中，注意重点把握业态种类、产权状况、装修状况等因素。

在具体估价实务中，影响商业房地产价格的主要因素有别于居住房地产。在区位状况中，主要包括地段繁华程度、交通条件和临街状况等；在实物状况中，主要有建筑品质和内部格局、楼层、净高、面积、装修和无形价值等。

商业房地产估价方法在选择时，因为其具有获取收益的能力，所以一般首选收益法作为估价的最重要的方法。由于商业房地产的转售转租比较频繁，较易获得比较实例，因此，市场法也是商业房地产估价的一种常用方法。成本法、假设开发法等其他方法在商业房地产估价中也经常被作为辅助方法。

【关键术语】

一、商业房地产

商业房地产是用于出租或经营的房地产。狭义的商业房地产主要指用于批发业、零售业的房地产，主要包括百货店、商场、购物中心、商业店铺、超级市场、批发市场、便利店、专卖店、仓储商店等。广义的商业房地产还包括酒店、餐饮、娱乐休闲、商务办公等房地产。一般来说商业房地产根据经营方式的不同可分为出租型和运营型两种。

二、商业房地产实物中的无形价值

无形价值在商业房地产价值中所占的比重越来越大，例如有名品牌、商业企业进驻的商业用房，其价值会明显上升。又如一个优秀的酒店管理集团，能使同样的一个酒店体现出完全不同的租金水平与出租率，从而使酒店体现出更高的价值。在商业房地产投资交易等某些估价目的的情况下，估价人员必须对无形价值予以考虑。

任务描述 1－1

收益法评估商业房地产公开市场价值前的准备。

小陆等人通过对待估对象及其所处区域的基本了解，估价对象周边同类项目市场较为发达，市场租金以及租赁过程中发生的各项费用数据较易得到，所以可以采用收益法进行评估。

解决方案

步骤一：估价师确定技术路线。决定采用收益法和市场法进行估价。其中收益法采用报酬资本化法，即现金流折现法（其他略）。

步骤二：确定收益法估价所需的资料和来源，进行实地踏勘估价对象的准备工作。

步骤三：实地踏勘估价对象，搜集相关资料，编制实地踏勘估价对象状况登记表（见表 3－1）。

表 3－1　　估价对象登记状况表

权属人	×××有限责任公司		
房屋权证号	京房权证××××号		
房地坐落位置	北京市×××××		
国有土地使用类型	出让	房屋所有权性质	其他产权

续表

权属人	×××有限责任公司		
房屋产权来源	××××××		
房屋产权比例			
图幅号		地籍号	
土地用途	商业	房屋用途	商业
土地批准使用年限	至××××年××月××日		
土地状况	宗地四至	东至	××××
		西至	×××××
		南至	××××
		北至	××××
房屋状况	建筑结构	钢混	
	层数/层次	13 层，所在层：1、2 层	
	建筑面积	×××m^2	
	建成年代	1999 年	

任务描述 1-2

收益法评估商业房地产公开市场价值。

解决方案

步骤一：进行资料的整理。

步骤二：进行个别因素、区域因素、市场背景分析和最高最佳使用分析。

1. 个别因素分析

估价对象位于北京市×××号楼，西临×××，附近有×××住宅小区、×××住宅小区、×××住宅小区、×××住宅小区、×××住宅小区等，12、25、29、713、820 路等多条公交车经过，并有×××大厦、口腔医院、南城墙遗址公园、邮政、银行等各种服务设施。各住宅小区内住宅楼地上一、二层多作为配套商业，对外销售或出租。

估价对象建成于 1999 年，为钢混结构，估价对象所在楼共 13 层，估价对象位于其中的一层、二层，一层南面为×××的营业厅，一层北面为×××收费中心，二层为×××的办公区和 VIP 房。

一层外立面为玻璃幕墙及大理石贴面，二层外立面为玻璃幕墙和铝扣板贴面。一层营业厅装修为：地面铺水磨石、墙为白色大理石贴面、石膏板吊顶、灯池、镶栏栅格日光灯、大门入口装玻璃门；二层办公区装修为：地面铺水磨石、乳胶漆墙面、石膏板吊顶、走廊配筒灯、房间内镶栏栅格日光灯、木包门、木包窗；VIP 房装修为：地面铺复合木地板和地毯、乳胶漆墙面、石膏板吊顶、房间内镶栏栅格日光灯、木包门、木包窗；卫生间装修为：地面铺瓷砖、墙面贴瓷砖、铝扣板吊顶、大理石台面、洁具、设有蹲、坐便器。

委托方将一层北面出租给北京市×××征收稽查处作为×××收费中心，承租方负责内部装修。配有中央空调系统、自动消防报警系统等。

2. 区域因素分析

（1）北京市综合状况分析（略）

（2）崇文区综合状况分析（略）

（3）东花市地区综合状况分析（略）

3. 市场背景分析

近年来，北京商业步入持续快速发展阶段，在规模继续扩大的同时，内部结构不断优化，增长方式开始转变，运行质量有所提高。

居民消费结构快速升级，家用汽车、住房相关商品、通讯器材、数码电子商品成为居民消费的热点和重要的市场增长点。

2005 年，连锁经营已覆盖商业、餐饮业、服务业三大领域 85 个业种，商业、餐饮连锁企业达到 188 家，店铺 5973 家，实现零售额 950.7 亿元，占全市零售额的 32.8%，五年提高了 20.8 个百分点，企业规模、行业组织化水平和市场集中度明显提升；物流配送业健康发展，重点公共物流区建设进展顺利，第三方物流企业和连锁企业配送中心快速发展，物流配送能力明显增强，促进了流通效率的不断提高。

“十五”时期北京商业发展态势良好，成效显著。但是也存在一些突出问题，需要在新的发展时期妥善解决。如城市南部与其他城区、城区与郊区的商业发展不够协调。南城商业设施总量、结构和质量与其他城区存在明显差异。一些郊区村镇商业设施相对落后，有的社区商业规模偏小、功能不尽完善，有的新建社区商业设施不够配套，依然存在居民买菜不方便和废旧物品收购不规范等问题，不能充分满足居民的多层次消费需求。局部地区商业设施建设盲目发展、片面追求超大规模的趋势较为严重，大型商业设施供过于求的态势有所显现。

“十一五”期间商业布局随着北京城市空间发展战略调整逐步向东部、东南部转移。中心城区以存量资源的整合、配套、提升为主，不适于在中心城区发展的商业业种和业态逐步向城市外围迁移。新建大型商业设施将以新城、中心城外围、轨道交通站点、节点为主来统筹布局发展。适应居民消费结构持续升级、生活品质不断提高的新形势，家务劳动逐步社会化，休闲消费、体验消费不断增长，新型服务业将大量涌现，生活服务业趋向个性化、精细化，商务、生产服务趋向标准化。餐饮业高速发展，整体水平大幅度提高，并呈多元化发展趋向。连锁商业市场覆盖面将继续扩大，大型连锁企业市场主导地位将得到巩固和增强，市场集中度进一步提高，运营效率进一步改善。在土地和能源等资源日益紧张，首都大力发展资源节约型经济的新形势下，商业发展从以“圈城设店”为主的外延扩张模式向以“结构调整”为主的产业素质优化发展模式转变的内在要求将更加突出。

为完成“十一五”总体目标，需进一步加强社区商业设施建设的分类指导。已建成社区重点整合商业存量资源，通过重新调整合理配置来提升社区商业服务潜力。新建改建居住区要严格按照《北京市新建改建居住区公共服务设施配套指标》来配置商业服务设施。新建大型社区要高起点规划建设设施相对集中、具有多种服务功能的社区商业中心，实现商住分离。新建中小型社区要完善便利化的社区商业综合服务功能。

综上所述利用住宅楼的底商部分从事经营，既符合北京市“十一五”规划要求，又能达到提高房地产利用效率、完善配套服务设施、居民消费更加便利的要求，因此底商市场的发展前景较好。

北京市商业房地产市场过去三年的发展状况及未来的发展趋势见表 3－2、表 3－3 和图 3－1。

表 3-2　　北京市 2004—2006 年商业房地产市场指标

各项市场指标	2004 年	2005 年	2006 年
存量（万 m^2）	165.05	228.65	156.17
新增供应量（万 m^2）	68.59	105	73.5
吸纳量（万 m^2）	41.81	41.4	53.82
月租金报价（元/m^2）	84.7	135.52	155.85
月租金实际成交均价（元/m^2）	50.4	127.05	146.11
购售均价（元/m^2）	8 871.45	15 181	17 458.15
在建项目或拟建项目规模（万 m^2）	486.79	496.8	645.84
在建项目或拟建项目报价（售价元/m^2，月租金元/m^2）	售价 14 219 租金 52.9	售价 15 181 租金 133.4	售价 18 192 租金 159.8

表 3-3　　北京市 2007—2009 年商业房地产市场指标预测

各项市场指标	2007 年	2008 年	2009 年
存量（万 m^2）	173.42	168.76	171.01
新增供应量（万 m^2）	84.53	59.17	62.13
吸纳量（万 m^2）	67.28	80.74	68.63
月租金报价（元/m^2）	187.02	224.42	258.08
月租金实际成交均价（元/m^2）	182.64	219.17	252.05
购售均价（元/m^2）	20 949.78	25 139.74	28 910.7
在建项目或拟建项目规模（万 m^2）	710.42	745.94	783.24
在建项目或拟建项目报价（售价元/m^2，月租金元/m^2）	售价 22 740 租金 196.3	售价 25 014 租金 231.2	售价 27 515.4 租金 265.8

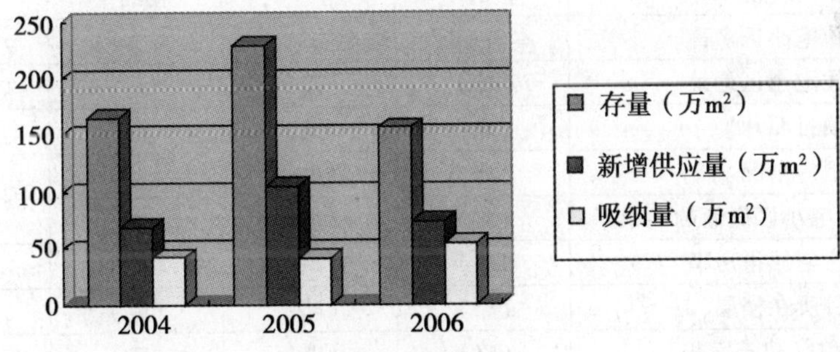

图 3-1　北京市 2004—2006 年商业房地产市场指标柱状图

估价对象所在区域被规划为首都功能核心区，核心区内商业发展以现有设施的功能的完善、配套、提升为主，限制新建大型商业设施和小商品市场。这就为该区域的底商市场的发展提供了充足的空间，对该区域内的底商会形成较大的需求，发展趋势良好。加之北京市 2008 年奥运会的召开，给商业的发展带来了极大的契机，同时也为商业房地产市场的开发提供了很大的空间，商业房地产市场进入了快速发展的轨道。

由于 2006 年年底至 2008 年市区内停止施工的规定，估价对象所在区域内所有在建、待建住宅楼及配套商业项目也将陆续在此之前完工。因此，在今后一两年内，将迎来巨大潜在供应量的井喷式释放。

4. 最高最佳使用分析（略）

步骤三：估算估价对象预测期各年净现金流。

1. 市场租金水平、空置率水平确定

小陆等人通过走访、和经纪公司联手等方式搜集到了与估价对象同类项目市场租金水平。每一宗被调查的物业详细情况编制成表 3－4 和表 3－5。

表 3－4　　区域可比大厦租金报价数据组

项目名称	本家润园	国瑞购物中心	富贵园	国瑞城	质城
项目地址	（略）	（略）	（略）	（略）	（略）
项目照片	（略）	（略）	（略）	（略）	（略）
总建筑面积	（略）	（略）	（略）	（略）	（略）
建筑物状况	（略）	（略）	（略）	（略）	（略）
总层数	（略）	（略）	（略）	（略）	（略）
得房率	（略）	（略）	（略）	（略）	（略）
租金报价（不含管理费）	（略）	（略）	（略）	（略）	（略）
管理费报价	（略）	（略）	（略）	（略）	（略）
车位费报价	（略）	（略）	（略）	（略）	（略）
一般免租期	（略）	（略）	（略）	（略）	（略）
一般租约期限	（略）	（略）	（略）	（略）	（略）
待租面积明细	（略）	（略）	（略）	（略）	（略）

表 3－5　　区域可比大厦成交租约数据组

租约情况	租约 1	租约 2	租约 3	租约 4	租约 5
所在住宅小区名称	本家润园	国瑞购物中心	富贵园	国瑞城	质城
所在住宅小区地址	（略）	（略）	（略）	（略）	（略）
项目照片	（略）	（略）	（略）	（略）	（略）
租约情况	（略）	（略）	（略）	（略）	（略）
成交时所在住宅小区底商的出租率	（略）	（略）	（略）	（略）	（略）
所在住宅楼得房率	（略）	（略）	（略）	（略）	（略）
项目所在楼层	（略）	（略）	（略）	（略）	（略）
租约面积（建筑面积）	（略）	（略）	（略）	（略）	（略）
合同起始日	（略）	（略）	（略）	（略）	（略）
合同成交起始单价（不含管理费）	（略）	（略）	（略）	（略）	（略）
成交免租期	（略）	（略）	（略）	（略）	（略）
成交租约期限	（略）	（略）	（略）	（略）	（略）
租金增加条款	（略）	（略）	（略）	（略）	（略）
成交时空置房状态	（略）	（略）	（略）	（略）	（略）
租出前报价	（略）	（略）	（略）	（略）	（略）
成交时管理费单价	（略）	（略）	（略）	（略）	（略）
车位费	（略）	（略）	（略）	（略）	（略）

2. 测算估价对象于估价时点剩余使用年限内净现金流

在此基础上，小陆等人采用报酬资本化法测算估价对象于估价时点的市场价值。由于估价前提为测算估价对象在完全产权状态下，在正常使用条件下的房地产价值，即不受当前外租租户与租约制约及当前产权人自用使用情况制约下的限制，故评估时不考虑当前租约限制及产权人自使用情况的影响，各年租金及出租率均按预测的正常市场租金水平确定。

相关推导公式为：

年租金净收益 = 年房地产有效毛收益 - 年总费用 + 租赁保证金利息收入

年房地产有效毛收益 = 月租金 ×12 × 建筑面积 × 出租率

总费用 = 管理费 + 房产税 + 营业税及附加 + 城镇土地使用税 + 印花税 + 保险费

租赁保证金利息收入 = 月租金 × 计租面积 ×2 个月 × 一年期存款利率（税后）

年净现金流 = 年租金净收益 - 维修费 - 租赁佣金

（1）相关收入预测。估价人员结合估价对象的实际运营状况，通过分析估价对象所在城市及区域的同类商业房地产租售市场近年租金、出租率变化情况及未来的变动趋势，估测估价对象于估价时点剩余使用年限内年租金、出租率，从而测算出估价对象未来每年的房地产有效毛收益。相关分析如下：

根据对北京市近年商业房地产市场指标调查及未来商业房地产市场的分析预测，结合对目前商业房地产市场状况及未来发展情况的预测分析，由于奥运经济及北京市“十一五”规划中本区域的规划等利好因素的影响，目前北京市商业房地产市场处于活跃状态，消费者对于位置较好、布局合理的商业房地产有较大的需求。

根据对北京市商业房地产市场未来供需情况的预期，考虑通货膨胀的可能影响，预测估价对象预测期第一年、第二年租金为 172 元/m^2 · 月（具体测算过程采用了市场法，选取了租约 1、2 和 4 作为比准案例，进行交易情况、交易日期和区域因素、个别因素修正最后得出估价对象客观租金。详见表 3 -6、表 3 -7 和表 3 -8），第 3—10 年年租金水平较为稳定，每两年有小幅度上涨；第 1—3 年出租率为 85%，第 4—6 年出租率为 90%，此后各年续租率和出租率较为稳定，至第 10 年以后，考虑到估价对象由于功能折旧及原客户对房地产品质的要求，续租率略有下降，但出于对市场需求的良好预期，预测新租面积将有所增加，故总体来看第 4—10 年估价对象出租率将有所上升，保持在 90%—92%。自第 11 年起，出租率将保持在 92%，租金水平将稳定在 193 元/m^2 · 月。

根据《房地产估价规范》，租赁收入中应包括租赁保证金的利息收入。根据估价人员对北京市商业房地产市场的调查，承租人交纳的租赁保证金一般按合同约定月租金的两倍计取。

表 3 -6　　估价对象 23 -2（一层）预测期第一年房地产租金测算表

项目	估价对象预测期第一年租金	案例 A（租约 1）	案例 B（租约 2）	案例 C（租约 4）
月成交租金单价	待估	210 元/m^2	174 元/m^2	165 元/m^2
交易情况	正常	正常	正常	正常
交易日期	2006 年 11 月 10 日	2006 年 7 月 15 日	2006 年 3 月 4 日	2006 年 7 月 1 日

续表

项目			估价对象预测期第一年租金	案例 A（租约 1）	案例 B（租约 2）	案例 C（租约 4）
区域因素	距市中心距离		2.9km	3.4km	3.2km	3.1km
	繁华度		一般	较高	较高	较高
	交通便捷程度	临路类型	临主干路	临次干路	临次干路	东临主干路，南临次干路
		距公交站点距离	约 100m	约 50m	约 50m	约 30m
	公共配套设施完善程度		周围有银行、邮局、商场等配套设施，较完善	周围有银行、邮局、商场等配套设施，较完善	周围有银行、邮局、商场等配套设施，较完善	周围有银行、邮局、商场等配套设施，较完善
	环境质量状况		一般	较好	一般	一般
	区域规划发展方向		商业功能核心区	商业功能核心区	商业功能核心区	商业功能核心区
个别因素	所在大楼档次		钢混结构，外墙一层为玻璃幕墙和大理石贴面，外观设计较好，中档装修，配有中央空调系统、自动消防报警系统，电话及宽带，设备设施较完善，档次较高	钢混结构，地上一层为玻璃幕墙及条形砖，外观设计一般，简单装修，中央空调、监控系统、消防报警系统、电话及宽带，设备设施完善，档次较高	钢混结构，地上一层为玻璃幕墙及高档瓷砖贴面，外观设计较好，中档装修，中央空调、监控系统、消防报警系统、电话及宽带，设备设施完善，档次较高	钢混结构，地上一层玻璃幕墙及条形砖，外观设计一般，简单装修，中央空调、消防报警系统、电话及宽带，设备设施较完善，档次一般
	平面布置		设计合理	设计合理	设计合理	设计合理
	装修情况		中档装修	普通装修	无装修	无装修
	楼层		地上一层	地上一层	地上一层	地上一层
	所在楼层产权状况		地上一层属同一产权人，但已出租部分，产权状况一般	地上一层属不同产权人，产权状况一般	地上一层属不同产权人，产权状况一般	地上一层属不同产权人，产权状况一般
	成交规模		1 569.76m^2	207.83m^2	1 053m^2	500m^2
	综合成新率		建成于 1999 年，目前维护状况良好，综合成新率 90%	建成于 2006 年，目前维护状况较好，综合成新率 99%	建成于 2005 年，目前维护状况较好，综合成新率为 98%	建成于 2006 年，维护状况较好，综合成新率为 99%

表 3－7　估价对象 23－2（一层）房地产租金比较因素条件指数表

项　目	估价对象预测期第一年租金	案例 A（租约 1）	案例 B（租约 2）	案例 C（租约 4）
月成交租金单价	待估	210 元/m^2	174 元/m^2	165 元/m^2
交易情况	100	100	100	100
交易日期	100	100	100	100

续表

项　目			估价对象预测期第一年租金	案例 A（租约 1）	案例 B（租约 2）	案例 C（租约 4）
区域因素	距市中心距离		100	99	99.4	99.6
	繁华度		100	103	103	103
	交通便捷程度	临路类型	100	99	99	101
		距公交站点距离	100	101	101	101.4
	公共配套设施完善程度		100	100	100	100
	环境质量状况		100	102	100	100
	区域规划发展方向		100	100	100	100
个别因素	所在大楼档次		100	100	100	95
	平面布置		100	100	100	100
	装修情况		100	98	94	94
	楼层		100	100	100	100
	所在楼层产权状况		100	100	100	100
	成交规模		100	108	104	107
	综合成新率		100	102.25	102	102.25

表 3－8　估价对象 23－2（一层）房地产租金比较因素修正系数测算表

项　目			案例 A（租约 1）	案例 B（租约 2）	案例 C（租约 4）
月成交租金单价			210 元/m^2	174 元/m^2	165 元/m^2
交易情况			（略）	（略）	（略）
交易日期			（略）	（略）	（略）
区域因素	距市中心距离		（略）	（略）	（略）
	繁华度		（略）	（略）	（略）
	交通便捷程度	临路类型	（略）	（略）	（略）
		距公交站点距离	（略）	（略）	（略）
	公共配套设施完善程度		（略）	（略）	（略）
	环境质量状况		（略）	（略）	（略）
	区域规划发展方向		（略）	（略）	（略）
个别因素	所在大楼档次		（略）	（略）	（略）
	平面布置		（略）	（略）	（略）
	装修情况		（略）	（略）	（略）
	楼层		（略）	（略）	（略）
	所在楼层产权状况		（略）	（略）	（略）
	成交规模		（略）	（略）	（略）
	综合成新率		（略）	（略）	（略）
比准价格（元/m^2·月$^{-1}$）					

比较因素指数确定说明如下：

①交易情况修正：比较案例均为正常市场交易，故估价对象与比较案例指数均为100。

②交易日期修正：根据北京市2004～2006年商业房地产市场指标统计并结合估价人员对估价对象所在区域商业房地产市场调查，确定地上商业房地产部分交易日期修正指数三个案例均为100。

③区域因素：一是距市中心距离：以估价对象距市中心距离为100，各比较案例与之相比，每增加或减少1 000m，指数相应减少或增加2。二是繁华度：分为繁华度高、繁华度较高、繁华度一般、繁华度较低、繁华度低五个级别，将估价对象所在区域繁华度指数设为100，各比较案例与之相比，每上升或下降一个等级，因素指数上升或下降3。三是交通便捷程度：将临路类型分为主干路、次干路、支路及巷道四个级别，以估价对象临路类型为100，各比较案例与之相比，每上升或下降一个级别，指数相应增加或减少1，每多临一条主干路指数增加2，每多临一条次干路指数增加1；以估价对象距公交站点距离为100，各比较案例与之相比，每增加或减少50m，指数相应减少或增加1。四是公共配套设施完善程度：分为完善程度高、完善程度较高、完善程度一般、完善程度较低、完善程度低五个级别，将估价对象所在区域公共配套设施完善程度指数设为100，各比较案例与之相比，每上升或下降一个等级，因素指数上升或下降2。五是环境质量状况：分为环境质量好、环境质量较好、环境质量一般、环境质量较差、环境质量差五个级别，将估价对象所在区域环境质量状况指数设为100，各比较案例与之相比，每上升或下降一个等级，因素指数上升或下降2。六是区域规划发展方向：将办公、商业、居住、工业四种主要发展方向定为四个级别，以估价对象所在区域规划发展方向指数为100，各比较案例与之相比，每上升或下降一个等级，因素指数上升或下降2。

④个别因素：一是所在大楼档次：根据估价对象和比较案例所在大楼的结构、建筑外观和材料以及内部设施设备、装修等情况综合确定，分为档次高、较高、一般、较低、低五个级别，将估价对象所在大楼档次指数设为100，各比较案例与之相比，每上升或下降一个等级，因素指数上升或下降5。二是平面布置：分为设计合理、设计一般、设计较差三个级别，将估价对象平面布置指数设为100，各比较案例与之相比，每上升或下降一个等级，因素指数上升或下降2。三是装修情况：分为高档装修、中档装修、普通装修、简单装修、无装修五个级别，将估价对象装修情况指数设为100，各比较案例与之相比，每上升或下降一个等级，因素指数上升或下降2。四是楼层：商业房地产楼层位置对于房地产价格的影响较大，以估价对象所在地上一层指数为100，因可比案例A、B、C与估价对象所处楼层相同，故因素指数均为100。五是所在楼层产权状况：考虑到估价对象和比较案例所在楼层的产权状况对估价对象和比较案例整体价值的影响，将所在楼层产权状况分为产权状况复杂、较复杂、一般、较好、好五个级别，以估价对象规模指数为100，各比较案例与之相比，每上升或下降一个等级，因素指数上升或下降2。六是成交规模：考虑到估价对象和比较案例的规模差异，根据估价人员对近几年估价对象同类项目大单与小单成交项目租金价格规模差异的调查，并结合估价师评估经验，以估价对象规模指数为100，根据对比较案例的实际调查，确定比较案例因素指数A为108，比较案例B为104，比较案例C为107。七是综合成新率：根据估价对象及比较案例的建成年代及维护状况确定综合成新率，将估价对象综合成新率指数设为100，各比较案例与之相比，每上升或下降4%，因素指数上升或下降1。

计算结果：比较修正后，得到三个比较案例的比准价格。由于三个比较案例的比准价格相差较大，故采用加权算术平均法确定最终价格。考虑到比较案例 B 条件与估价对象更为接近，故权重取 50%，比较案例 A、C 权重各取 25%，经计算确定评估结果为×××元/m^2·月$^{-1}$。

（2）相关费用预测。估价人员结合估价对象的实际运营状况，通过分析估价对象所在城市及区域的同类房地产费用支出状况，确定估价对象于估价时点剩余使用年限每年的运营费用。各年的费用支出已经考虑未来一段时间内为估价对象提供必要的维修及保证其正常运转的相关费用，以保持现金流收益分析期内一定水平的租金增长率：商业房地产的追加成本体现在维修费里，即大项维修和更换重要设备的费用均摊到每一年的费用。相关费用如下。

管理费：指对出租房屋进行的必要管理所需的费用，一般按年房地产有效毛收益的 3% 确定。

房产税：按年房地产有效毛收益的 12% 征收。

营业税及附加：营业税为年房地产有效毛收益的 5%；城市维护建设税按营业税的 7% 计，教育费附加征收率按营业税的 3% 计，总计年房地产有效毛收益为 5.5%。

城镇土地使用税：估价对象所在区域城镇土地使用税为 8 元/m^2·年$^{-1}$。

印花税：租赁房屋印花税的征收标准为租赁合同额的 1‰。

保险费：按建筑物重置成本的 2‰计取。经估价人员估算，估价对象在考虑成新后建筑物重置单价为 2 008 元/m^2 重置总价为 315.21 万元。

维修费：按建筑物重置成本的 1% 计取。

租赁佣金：综合考虑当地商业房地产租赁市场对招租方式的影响、新租租约期限及续租情况，确定租赁佣金为有效毛收益的 1%。

步骤四：选取适当的报酬率。

报酬率采用投资报酬率排序插入法确定。具体步骤如下：

1. 调查、搜集估价对象所在地区的房地产投资、相关投资及其报酬率和风险程度的资料。

2. 将所搜集的不同类型投资的报酬率从低到高的顺序排列，制成图 3－2。

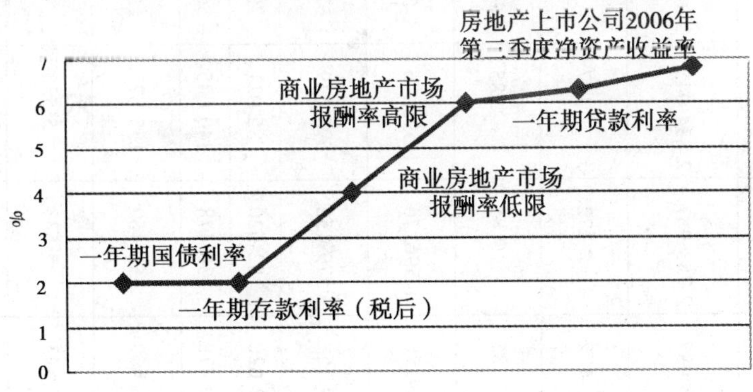

图 3－2　投资报酬率排序插入法示意图

3. 将估价对象与这些类型投资的风险程度进行分析比较，考虑管理的难易、投资的流动性以及作为资产的安全性，判断出同等风险的投资，确定估价对象的风险程度。

4. 估价人员掌握的估价对象周边商业房地产市场报酬率一般为 4%—6%，根据其风险程度所在的位置，慎重考虑确定估价对象的报酬率为 4.5%。

表 3－9　　估价对象 23－2 房地产于估价时点剩余使用年限内净现金流计算表　　单位：元

序号	收支项目名称	第 1 年 (2006. 11. 10－2007. 11. 09	第 2 年 (2007. 11. 10－2008. 11. 09)	第 3 年 (2008. 11. 10－2009. 11. 09)	第 4 年 (2009. 11. 10－2010. 11. 09)	第 5 年 (2010. 11. 10－2011. 11. 09)	第 6 年 (2011. 11. 10－2012. 11. 09)	第 7 年 (2012. 11. 10－2013. 11. 09)	第 8 年 (2013. 11. 10－2014. 11. 09)	第 9 年 (2014. 11. 10－2015. 11. 09)	第 10 年 (2015. 11. 10－2016. 11. 09)	第 11 年至估价对象剩余使用年限终止日 (2016. 11. 10－2039. 1. 11)
一	年房地产有效毛收益（元）	2 753 987	2 753 987	2 834 045	3 000 753	3 085 520	3 085 520	3 240 738	3 240 738	3 344 719	3 344 719	3 344 719
1	底商月租金单价(元/m^2)	172	172	177	177	182	182	187	187	193	193	193
2	底商出租率（%）	85	85	85	90	90	90	92	92	92	92	92
3	底商建筑面积（m^2）	1 569. 76	1 596. 76	1 596. 76	1 569. 76	1 569. 76	1 569. 76	1 569. 76	1 569. 76	1 569. 76	1 569. 76	1 569. 76
二	年总费用（元）	579 158	579 158	595 649	629 992	647 455	647 455	679 430	679 430	700 850	700 850	700 850
1	管理费	82 620	82 620	85 021	900 023	92 566	92 566	97 222	97 222	100 342	100 342	100 342
2	房产税	330 478	330 478	340 085	360 090	370 262	370 262	388 889	388 889	401 366	401 366	401 366
3	营业税及附加	151 469	151 469	155 872	165 041	169 704	169 704	178 241	178 241	183 960	183 960	183 960
4	城镇土地使用税	5 533	5 533	5 533	5 533	5 533	5 533	5 533	5 533	5 533	5 533	5 533
5	印花税	2 754	2 754	2 834	3 001	3 086	3 086	3 241	3 241	3 345	3 345	3 345
6	保险费	6 304	6 304	6 304	6 304	6 304	6 304	6 304	6 304	6 304	6 304	6 304
三	租赁保证金利息收入（元）	9 253	9 253	9 522	10 083	10 367	10 367	10 889	10 889	11 238	11 238	11 238

续表

序号	收支项目名称	第1年（2006.11.10－2007.11.09	第2年（2007.11.10－2008.11.09）	第3年（2008.11.10－2009.11.09）	第4年（2009.11.10－2010.11.09）	第5年（2010.11.10－2011.11.09）	第6年（2011.11.10－2012.11.09）	第7年（2012.11.10－2013.11.09）	第8年（2013.11.10－2014.11.09）	第9年（2014.11.10－2015.11.09）	第10年（2015.11.10－2016.11.09）	第11年至估价对象剩余使用年限终止日（2016.11.10－2039.1.11）
	租赁保证金（元）	458 998	458 998	472 341	500 126	514 253	514 253	540 123	540 123	557 453	557 453	557 453
四	各年租金净收益（元）	2 184 082	2 184 082	2 247 918	2 380 844	2 448 432	2 448 432	2 572 197	2 572 197	2 655 107	2 655 107	2 655 107
1	维修费	31 521	31 521	31 521	31 521	31 521	31 521	31 521	31 521	31 521	31 521	31 521
2	租赁佣金	27 540	27 540	28 340	30 008	30 855	30 855	32 407	32 407	33 447	33 447	33 447
五	年净现金流	2 125 021	2 125 021	2 188 057	2 319 315	2 386 056	2 386 056	2 508 269	2 508 269	2 590 139	2 590 139	2 590 139

表 3－10　报酬资本化法计算表

单位：元

年份	第1年（2006.11.10－2007.11.09	第2年（2007.11.10－2008.11.09）	第3年（2008.11.10－2009.11.09）	第4年（2009.11.10－2010.11.09）	第5年（2010.11.10－2011.11.09）	第6年（2011.11.10－2012.11.09）	第7年（2012.11.10－2013.11.09）	第8年（2013.11.10－2014.11.09）	第9年（2014.11.10－2015.11.09）	第10年（2015.11.10－2016.11.09）	第11年至估价对象剩余使用年限终止日（2016.11.10－2039.1.11）	合计	估价对象总建筑面积	单价
年净现金流	2 125 021	2 125 021	2 188 057	2 319 315	2 386 056	2 386 056	2 508 269	2 508 269	2 590 139	2 590 139	35 895 136			
折算至估价时点的价值	2 033 513	1 945 946	1 917 387	1 944 888	1 914 693	1 832 243	1 843 147	1 763 777	1 742 916	1 667 862	23 113 872			

步骤五：求取收益价格。

本次估价，估价师选用的计算公式为：

$$P = \sum_{n=1}^{10} \frac{a_n}{(1+i)^n} + \frac{a'}{i(1+i)^{10}} \times \left[1 - \frac{1}{(1+i)^{t-10}}\right]$$

其中，P 为评估值，a_n 为 1—10 年所对应的净现金流，a′为第 11 年至估价对象剩余使用年限终止日期各年净现金流，t 为收益年限，i 为报酬率。

具体测算过程见表 3－9 和表 3－10。

【提示】

在用收益法进行估价时，经常采用报酬资本化法。在这种方法的运用中，居住房地产估价和商业房地产估价在预测估价对象的未来净收益、运营费用上都有所不同。

子项目二　市场法商业房地产公开市场价值估价

知识链接

由于本次估价价值定义为公开市场价值，所以在具备相关条件的情况下，优选市场法进行估价。

任务描述 2－1

市场法评估商业房地产公开市场价值前的准备。

小陆等人通过对待估对象及其所处区域的基本了解，估价对象周边同类项目市场较为发达，比较容易找到房地产市场同类项目交易价格或租金，所以可以采用市场法进行评估。

解决方案

步骤一：确定市场法估价所需要的资料及其来源。

步骤二：实地踏勘估价对象，编制实地踏勘估价对象表（略）。

步骤三：搜集相关资料。

任务描述 2－2

市场法评估商业房地产公开市场价值。

解决方案

步骤一：将搜集到的资料进行汇总。

步骤二：补充相关资料（略，不是必经步骤）。

步骤三：选取比准实例。

根据替代原则，小陆等人选取了三个比较案例。

案例 A：×××西花市大街国瑞购物中心，钢混结构，配套商业用途，交易单价 30 000 元/m^2，交易时间 2006 年 8 月，建筑面积 360m^2。

案例 B：×××广渠门内大街东花市南里富贵园，钢混结构，配套商业用途，交易单价 32 000 元/m^2，交易时间 2006 年 9 月，建筑面积 320m^2。

案例 C：×××广渠门桥西 300m 路北本家润园，钢混结构，写字楼用途，地上一层交易单价 33 000 元/m^2，交易时间 2006 年 10 月，建筑面积 207.83m^2。具体的数据，小陆等人编制了区域市场同类项目购售数据表（见表 3－11）。

表 3－11　　　　区域市场同类项目购售数据表

项目名称	国瑞购物中心	富贵园	本家润园
项目地址	西花市大街	广渠门内大街东花市南里	广渠门桥西 300m 路北
项目照片	（略）	（略）	（略）
总建筑面积（m^2）	100 000	20 000	120 000
建成年代	2005 年	2005 年	2006 年
土地与建筑物状况	土地达到“七通一平”；钢混结构，地上共 14 层，其中地上一层为底商，玻璃幕墙及外墙砖相间饰面，中央空调、监控系统、消防报警系统、电话及宽带等	土地达到“七通一平”；钢混结构，地上共 8 层，其中地上一层、地下一层、二层为底商，玻璃幕墙及高档瓷砖贴面，室内精装修，中央空调、监控系统、消防报警系统、电话及宽带等	土地达到“七通一平”；为钢混结构，地上共 12 层，其中地上一层和地下一层为底商，玻璃幕墙及条形砖相间饰面，室内精装修，中央空调、监控系统、消防报警系统、电话及宽带等
成交总价（万元）	1 080	1 024	1 058.71
成交单价（元/m^2，建筑面积）	30 000	32 000	地上一层：33 000 地下一层：15 000
交易费用	买方：332 025 元（契税 3%，交易手续费 7 元/m^2，印花税 0.05%，及工本费 5 元/本，所有权登记费 100 元/宗）；卖方：601 920 元（交易手续费 7 元/m^2，印花税 0.05%，营业税及附加 5.5%）	买方：314 665 元（契税 3%，交易手续费 7 元/m^2，印花税 0.05% 及工本费 5 元/本，所有权登记费 100 元/宗）；卖方：570 560 元（交易手续费 7 元/m^2，印花税 0.05%，营业税及附加 5.5%）	买方：326 207 元（契税 3%，交易手续费 7 元/m^2，印花税 0.05% 及工本费 5 元/本，所有权登记费 100 元/宗）；卖方：590 779 元（交易手续费 7 元/m^2，印花税 0.05%，营业税及附加 5.5%）
成交时间	2006 年 8 月	2006 年 9 月	2006 年 10 月
所在楼层	地上一层	地上一层	地上一层 地下一层
成交可出租面积（m^2，建筑面积）	360	320	地上，207.83 地下，248.58
成交时所在大楼出租率（%）	70	85	50
成交时所在楼层出租率（%）	70	85	50
成交时租户平均月租金单价（元/m^2，不含管理费）	无装修，174	已装修，144	已装修 地上一层，210 地下一层，60
成交时年管理费单价（元/m^2）	66	34	42
特殊说明事项			本项目今年建成，底商于 10 月起开始现房租售，故出租率较低

步骤四： 确定比较因素并进行说明。

小陆等人经过讨论，确定了比较因素，并编制了比较因素条件说明表（见表 3－12）。

表 3－12　　　　房地产比较因素条件说明表

项目			估价对象	案例 A	案例 B	案例 C
交易单价（元/m²）			待估	30 000	32 000	33 000
交易情况			正常	正常	正常	正常
交易日期			2006 年 11 月	2006 年 8 月	2006 年 9 月	2006 年 10 月
区域因素	距市中心距离		2.9km	3.2km	3.3km	3.4km
	繁华度		一般	较高	较高	较高
	交通便捷程度	临路类型	临主干路	临次干路	临次干路	临次干路
		距公交站点距离	约 100m	约 50m	约 50m	约 50m
	公共配套设施完善程度		周围有银行、邮局、商场等配套设施，较完善	周围有银行、邮局、商场等配套设施，较完善	周围有银行、邮局、商场等配套设施，较完善	周围有银行、邮局、商场等配套设施，较完善
	环境质量状况		一般	一般	较好	较好
	区域规划发展方向		商业功能核心区	商业功能核心区	商业功能核心区	商业功能核心区
个别因素	建筑结构		钢混	钢混	钢混	钢混
	建筑外观设计及材料		外墙一层为玻璃幕墙和大理石贴面，外观设计较好	地上一层玻璃幕墙及条形砖，外观设计一般	地上一层为玻璃幕墙及高档瓷砖贴面，外观设计较好	地上一层玻璃幕墙及条形砖，外观设计一般
	工程质量		一般	较好	较好	较好
	地质状况		较好	较好	较好	较好
	平面布置		设计合理	设计合理	设计合理	设计合理
	设施设备完善程度		中央空调系统、自动消防报警系统，电话及宽带，较完善	中央空调、监控系统、消防报警系统、电话及宽带，完善	中央空调、监控系统、消防报警系统、电话及宽带，完善	中央空调、监控系统、消防报警系统、电话及宽带，完善
	装修情况		中档装修	无装修	中档装修	简单装修
	周边景观		一般	一般	一般	一般
	物业管理		一般	较好	较好	好
	楼层		地上一层	地上一层	地上一层	地上一层
	所在楼层产权状况		属同一产权人，产权状况较好	地上一层属不同产权人，产权状况一般	地上一层属不同产权人，产权状况一般	地上一层属不同产权人，产权状况一般
	成交规模（m²）		1 569.76	360	320	207.83
	综合成新率		建成于 1999 年，目前维护状况良好，综合成新率为 90%	建成于 2005 年，目前维护状况较好，综合成新率为 98%	建成于 2005 年，目前维护状况较好，综合成新率为 98%	建成于 2006 年，目前维护状况较好，综合成新率为 99%

步骤五：确定房地产估价影响因素修正系数，编制比较因素条件指数表和比较因素修正系数表，求取比准价格。

小陆等人根据估价对象与比较案例的差异，以估价对象的各因素条件为基础，指数均设定为100，确定比较案例各因素的相应指数，比较因素指数确定如下：

1. 交易情况修正

比较案例均为正常市场交易，故估价对象与比较案例指数均为100。

2. 交易日期修正

根据北京市2004—2006年商业房地产市场指标统计并结合估价人员对估价对象所在区域商业房地产市场调查，确定地上商业房地产部分交易日期修正指数均为100。

3. 区域因素及个别因素修正系数

（1）区域因素。①距市中心距离：以估价对象距市中心距离为100，各比较案例与之相比，每增加或减少1 000m，指数相应减少或增加2。②繁华度：分为繁华度高、繁华度较高、繁华度一般、繁华度较低、繁华度低五个级别，将估价对象所在区域繁华度指数设为100，各比较案例与之相比每上升或下降一个等级，因素指数上升或下降3。③交通便捷程度：将临路类型分为主干路、次干路、支路及巷道四个级别，以估价对象临路类型为100，各比较案例与之相比，每上升或下降一个级别，指数相应增加或减少1，以估价对象距公交站点距离为100，各比较案例与之相比，每增加或减少50m，指数相应减少或增加1。④公共配套设施完善程度：分为完善程度高、完善程度较高、完善程度一般、完善程度较低、完善程度低五个级别，将估价对象所在区域公共配套设施完善程度指数设为100，各比较案例与之相比，每上升或下降一个等级，因素指数上升或下降2。⑤环境质量状况：分为环境质量好、环境质量较好、环境质量一般、环境质量较差、环境质量差五个级别，将估价对象所在区域环境质量状况指数设为100，各比较案例与之相比，每上升或下降一个等级，因素指数上升或下降2。⑥区域规划发展方向：将办公、商业、居住、工业四种主要发展方向定为四个级别，以估价对象所在区域规划发展方向指数为100，各比较案例与之相比，每上升或下降一个等级，因素指数上升或下降2。

（2）个别因素。①估价对象与各比较案例建筑结构相同，故估价对象与比较案例指数均为100。②建筑外观设计及材料：分为好、较好、一般、较差、差五个级别，将估价对象建筑外观设计及材料指数设为100，各比较案例与之相比，每上升或下降一个等级，因素指数上升或下降1。③工程质量：分为好、较好、一般、较差、差五个级别，将估价对象工程质量指数设为100，各比较案例与之相比，每上升或下降一个等级，因素指数上升或下降2。④地质状况：分为好、较好、一般、较差、差五个级别，将估价对象地质状况指数设为100，各比较案例与之相比，每上升或下降一个等级，因素指数上升或下降2。⑤平面布置：分为设计合理、设计一般、设计较差三个级别，将估价对象平面布置指数设为100，各比较案例与之相比，每上升或下降一个等级，因素指数上升或下降2。⑥设施设备完善程度：分为完善、较完善、一般三个级别，将估价对象设施设备完善程度指数设为100，各比较案例与之相比，每上升或下降一个等级，因素指数上升或下降2。⑦装修情况：分为高档装修、中档装修、普通装修、简单装修、无装修五个级别，将估价对象装修情况指数设为100，各比较案例与之相比，每上升或下降一个等级，因素指数上升或下降2。⑧周边景观：分为好、较好、一般、较差、差五个级别，将估价对象周边景观指数设为100，各比较案例与之相比，每上升或下降一个等级，因素指数上升或下降 1。⑨物业管理：分为好、较好、一般、较差、差五个级别，将估价对象物业管理指数设为 100，各比较案例与之相比，每上升或下降一个等级，因素指数上升或下降 2。⑩楼层：商业房地产楼层位置对于房地产价格的影响较大，以估价对象所在地上一层指数为 100，因可比案例 A、B、C 与估价对象所处楼层相同，故因素指数均为 100；⑪成交规模：考虑到估价对象和比较案例的规模差异，根据估价人员对近几年估价对象同类项目大单与小单成交项目交易价格规模差异的调查，并结合估价师评估经验，以估价对象规模指数为 100，根据对比较案例的实际调查，确定比较案例因素指数 A、B 为 107，比较案例 C 为 108。⑫所在楼层产权状况：考虑到估价对象和比较案例所在楼层的产权状况对估价对象和比较案例整体价值的影响，将所在楼层产权状况分为产权状况复杂、较复杂、一般、较好、好五个级别，以估价对象规模指数为 100，各比较案例与之相比，每上升或下降一个等级，因素指数上升或下降 2。⑬综合成新率：根据估价对象及比较案例的建成年代及维护状况确定综合成新率，将估价对象综合成新率指数设为 100，各比较案例与之相比，每上升或下降 2%，因素指数上升或下降 1。

经比较得出房地产比较因素条件指数表 3－13 和房地产比较因素修正系数表 3－14。

表 3－13　　　　房地产比较因素条件指数表

项目			估价对象	案例 A	案例 B	案例 C
交易单价（元/m²）			待估	30 000	32 000	33 000
交易情况			100	100	（略）	（略）
交易日期			100	100	（略）	（略）
区域因素	距市中心距离		100	99.4	（略）	（略）
	商业繁华度		100	103	（略）	（略）
	交通便捷程度	临路类型	100	99	（略）	（略）
		距公交站点距离	100	101	（略）	（略）
	公共配套设施完善程度		100	100	（略）	（略）
	环境质量状况		100	100	（略）	（略）
	区域规划发展方向		100	100	（略）	（略）
个别因素	建筑结构		100	100	（略）	（略）
	建筑外观设计及材料		100	99	（略）	（略）
	工程质量		100	102	（略）	（略）
	地质状况		100	100	（略）	（略）
	平面布置		100	100	（略）	（略）
	设施设备完善程度		100	102	（略）	（略）
	装修情况		100	94	（略）	（略）
	周边景观		100	100	（略）	（略）
	物业管理		100	102	（略）	（略）
	楼层		100	100	（略）	（略）
	所在楼层产权状况		100	107	（略）	（略）
	成交规模（建筑面积）		100	98	（略）	（略）
	综合成新率		100	104	（略）	（略）

表 3－14　　　　　　　　房地产比较因素修正系数表

<table>
<tr><th colspan="3">项　　目</th><th>案例 A</th><th>案例 B</th><th>案例 C</th></tr>
<tr><td colspan="3">交易单价（元/m²）</td><td>30 000</td><td>32 000</td><td>33 000</td></tr>
<tr><td colspan="3">交易情况</td><td>100/100</td><td>（略）</td><td>（略）</td></tr>
<tr><td colspan="3">交易日期</td><td>100/100/</td><td>（略）</td><td>（略）</td></tr>
<tr><td rowspan="7">区域因素</td><td colspan="2">距市中心距离</td><td>100/99.4</td><td>（略）</td><td>（略）</td></tr>
<tr><td colspan="2">商业繁华度</td><td>100/103</td><td>（略）</td><td>（略）</td></tr>
<tr><td rowspan="2">交通便捷程度</td><td>临路类型</td><td>100/99</td><td>（略）</td><td>（略）</td></tr>
<tr><td>距公交站点距离</td><td>100/101</td><td>（略）</td><td>（略）</td></tr>
<tr><td colspan="2">公共配套设施完善程度</td><td>100/100</td><td>（略）</td><td>（略）</td></tr>
<tr><td colspan="2">环境质量状况</td><td>100/100</td><td>（略）</td><td>（略）</td></tr>
<tr><td colspan="2">区域规划发展方向</td><td>100/100</td><td>（略）</td><td>（略）</td></tr>
<tr><td rowspan="13">个别因素</td><td colspan="2">建筑结构</td><td>100/100</td><td>（略）</td><td>（略）</td></tr>
<tr><td colspan="2">建筑外观设计及材料</td><td>100/99</td><td>（略）</td><td>（略）</td></tr>
<tr><td colspan="2">工程质量</td><td>100/102</td><td>（略）</td><td>（略）</td></tr>
<tr><td colspan="2">地质状况</td><td>100/100</td><td>（略）</td><td>（略）</td></tr>
<tr><td colspan="2">平面布置</td><td>100/100</td><td>（略）</td><td>（略）</td></tr>
<tr><td colspan="2">设施设备完善程度</td><td>100/102</td><td>（略）</td><td>（略）</td></tr>
<tr><td colspan="2">装修情况</td><td>100/94</td><td>（略）</td><td>（略）</td></tr>
<tr><td colspan="2">周边景观</td><td>100/100</td><td>（略）</td><td>（略）</td></tr>
<tr><td colspan="2">物业管理</td><td>100/102</td><td>（略）</td><td>（略）</td></tr>
<tr><td colspan="2">楼层</td><td>100/100</td><td>（略）</td><td>（略）</td></tr>
<tr><td colspan="2">所在楼层产权状况</td><td>100/107</td><td>（略）</td><td>（略）</td></tr>
<tr><td colspan="2">成交规模（建筑面积）</td><td>100/98</td><td>（略）</td><td>（略）</td></tr>
<tr><td colspan="2">综合成新率</td><td>100/104</td><td>（略）</td><td>（略）</td></tr>
<tr><td colspan="3">比准价格（元/m²）</td><td></td><td></td><td></td></tr>
</table>

步骤六：求取房地产的公开市场价值。

比较修正后，得到三个比较案例的比准价格。比较案例 A、B、C 比准价格较为接近，故采用简单算术平均法确定估价对象的价格。经计算确定估价对象评估结果为××××元/m²。

【提示】

在用市场法进行估价时，商业房地产比较因素的选择一定要符合该估价对象的特点，不同类型的商业房地产所选择的比较因素不同，比如商业办公更注重智能化办公条件和能否满足不同公司的办公要求等因素，而零售商业物业更注重临街状况、商业繁华度等因素。

课堂训练

1. 根据上述案例所给出的信息将收益法和市场法当中没有给出的部分（略的部分）补充完整。

2. 练习题1

现有一房屋，占地面积为200m²，建筑面积为150m²，土地使用年限为50年，从1995年6月10日起计。该建筑于1996年6月10日建成投入使用，耐用年限为50年。建筑物原值为500元/m²，残值率为3%。此房出租每月租金为2 000元，报酬率为12%。租金损失按一个月的租金收入计算。税费包括房产税、营业税、城市维护建设税和教育费附加，四税合计为年租金收入的17%，管理费用按年租金收入的6%计提，维修费和保险费均按建筑物原值的4%计提，试根据上述资料评估该房屋2008年6月10日的收益价格。

3. 练习题2

在正常情况下，某房地产每年可获得总收益为60万元，每年支出的总费用为35万元。现在从同区域的市场上选取了5个与该房地产情况相似的房地产（可比实例），将其价格及净收益列于表3－15中。试估计该房地产的价格（推荐用算术平均计算平均值）。

表3－15　　某房地产可比实例及相关资料

可比实例	价格（万元）	净收益（万元/年）
1	367	38
2	542	59
3	263	31
4	189	22
5	758	83

4. 练习题3

某商店的土地使用期限为40年，自2003年10月1日起计算。该商店共有两层，每层可出租面积各为200m²。一层于2004年10月1日租出，租赁期限为5年，可出租面积的月租金为180元/m²，且每年不变；二层现暂空置。附近类似商场一、二层可出租面积的正常月租金分别为200元/m²和120元/m²，运营费用率为25%。该类房地产的出租率为100%，报酬率为9%。请计算该商场2007年10月1日带租约出售时的正常价格。

5. 练习题4

使用Excel计算子项目一、二中解决方案的案例及练习题1—3，并形成Excel文档。

课后训练

1. 由教师指定某商业房地产（酒店、写字楼等均可），要求学生进行实地勘察。

（1）按照任务描述2－1和任务描述2－3后提示的内容编制《实地勘察记录表》。

（2）完成实地勘察过程中的估价对象及其周边环境的拍摄工作。

2. 通过网络、杂志、报刊等搜集当前当地的商业房地产交易的交易政策、税费政策等相关规定。

（1）列出政策规定的具体名称、实施时间以及主要内容。

（2）标明资料来源。

3. 由教师给出某商业房地产的区位、权益和实物信息，根据这些信息学生分组寻找5个交易案例。

（1）编制《交易案例调查表》。

（2）确定可比案例。

（3）尝试编制《比较因素说明表》、《比较因素条件指数表》和《比较因素修正系数表》。

4. 由教师指定某租赁型写字楼，要求学生通过走访调查等方式完成对该写字楼用收益法进行估价所需要的潜在毛收入、有效毛收入、空置率、运营费用等的数据的搜集、整理和测算。

（1）学生分组，一般3—4人一组。

（2）要求学生编制《周边项目租赁情况调查表》。

（3）确定估价对象若用收益法估价所需要的净收益和运营费用等，要求说明理由。

项目四　房屋拆迁估价[①]

学习目标

- 能够把握房屋拆迁估价所依据的主要政策法规和规定
- 能够针对房屋拆迁估价搜集的所需要的资料并进行整理和一定的分析工作
- 能够进行简单的房屋拆迁估价

本项目包含两个子项目：房屋拆迁估价准备工作，房屋拆迁估价内业工作。

引导案例

2007 年 4 月 1 日，北京皓天房地产评估有限公司接受某开发商的委托，承诺对位于北京市房山区×××××乡×××村的平房×××套进行拆迁货币补偿价款的评估，为该公司进行拆迁货币补偿提供价格参考依据。

子项目一　房屋拆迁估价准备工作

知识链接

近几年来，随着我国城市化进程的加快以及基础设施、公共设施投入的逐步加大，建筑拆迁量越来越大，依据《城市房屋拆迁管理条例》及一些地方规定，拆迁过程中，拆迁人需要给付被拆迁人一定的补偿。目前补偿形式多为货币补偿。由此，拆迁人与被拆迁人之间因补偿引发的经济纠纷逐渐增多。由此，房屋拆迁估价作为一种经济鉴证业务日渐兴起。

房屋拆迁估价是指为确定被拆迁房屋货币补偿金额，根据被拆迁房屋的区位、用途、建筑面积等因素，对其房地产市场价格进行的评估。但因为房屋拆迁涉及社会关系复杂、社会影响大、政策法规规定较多，所以房屋拆迁估价不同于一般房地产的市场价格估价，其具有估价数量一般较大、估价对象复杂、补偿价格关联性强等特点。

就房屋拆迁估价实务而言，其技术路线一般都比较清晰，一般采用市场法，不具备采用市场法条件的，如学校、幼儿园、军事等公益用房以及房地产市场不发达的地区或区域，可采用其他方法进行评估。但由于拆迁估价目的的特殊性，应尽量避免使用收益法、假设开发法，可采用成本法对估价对象的拆迁补偿价值进行评估。

---

① 注意因拆迁估价规程各地规定不同，所以本项目的设计适用北京地区学生，其他地区要根据本地区的相关规定作出相应的调整。

在具体的房屋拆迁中，除了可以按照上述规定选用估价方法外，也可以依据被拆迁房屋所在地规定的拆迁技术规程进行估价。比如北京市可依据《北京市城市房屋拆迁管理办法》（市人民政府令第 87 号）、《北京市城市住宅房屋拆迁市场评估技术方案》（京建拆字［2009］450 号）、《关于进一步做好本城市房屋拆迁安置和补偿工作的若干意见》（京建拆［2009］431 号。《北京市房屋重置成新价评估技术标准》（京国土房管拆［2003］808 号）、《北京市城市房屋拆迁管理办法实施意见》（京国土房管拆［2003］777 号）、《北京市集体土地房屋拆迁管理办法》（市人民政府令第 124 号）、《北京市宅基地房屋拆迁补偿规则》（京国土房管征［2003］606 号）、《北京市集体土地房屋拆迁管理办法》（京国土房管拆［2003］666 号）等规定进行拆迁估价。但由于拆迁政策多变，具体的估价业务要视情况而定。

值得注意的是，拆迁估价的难点在于外业工作以及各种关系的协调。所以要求估价人员必须熟悉国家相关法律、法规政策以及当地政府的有关规定，并具有较强的协调能力和综合素质。

【关键术语】

一、拆迁人、被拆迁人

拆迁人是指拿到拆迁许可证的单位，被拆迁人是指被拆迁房屋的所有权人。

二、房屋拆迁评估价格

从我国《城市房屋拆迁估价指导意见》中可以看出，房屋拆迁评估价格为被拆迁房屋的市场价格，不包含搬迁补助费、临时安置补助费和拆迁非住宅房屋造成停产、停业的补偿费，以及被拆迁房屋室内自行装修装饰的补偿金额。

任务描述 1－1

制定拆迁估价作业方案。

房屋拆迁政策性强、涉及面广、影响大，因而相比其他估价业务而言，拆迁估价制定严密的工作计划尤为重要。

解决方案

步骤一：根据委托人提供的资料，了解项目情况，确定参加评估人员，确定项目负责人并按内业、外业、检查进行分组，或不分内、外业统一分组。

步骤二：根据项目情况，初步确定前期准备、外业、内业、现场答疑所需时间及其内容和操作程序。

步骤三：讨论内、外业质量监督办法。

步骤四：撰写拆迁估价作业方案。

小陆等人经过以上工作后，最终制定了如下工作方案（框架）：

工 作 方 案

宗旨：为拆迁居民提供热情、诚挚、高效、科学、严谨的服务，维护当地居民的安定，保证拆迁工作平稳、顺利的完成。

一、人员安排：

（一）分组进行现场调查，每组设组长一名，实行组长负责制。

（二）人员分工及工作要求：

1. 项目负责人职责（略）

2. 技术负责人职责（略）

3. 组长职责（略）

4. 组员职责（略）

二、入户调查

（一）工作流程（略）

（二）特别事项（略）

三、内业计算（略）

四、注意事项（略）

【提示】

拆迁人应在依法取得房屋拆迁许可证或者由区、县拆迁主管部门签发的“房屋拆迁价格评估通知书”后方可委托具有拆迁评估资格的评估机构对被拆迁房屋进行评估。估价人员应注意核实。

拆迁估价前及在入户之前，一般还要制作完善的调查表格，并对入户的估价人员进行政策、法规、知识及工作方式的培训。

任务描述 1－2

进行外业工作（入户调查），搜集估价所需的基础资料。

解决方案

步骤一：收集产权证明文件、户口本或身份证复印件、营业用房证明。

步骤二：拍照，并正确绘制平面示意图。

步骤三：测量，并现场计算、核对面积。

步骤四：分部件勘察房屋并记录。

步骤五：请产权人在勘察记录及平面示意图上签字。

小陆等人根据估价对象以及后期内业工作的需要，制定了外业勘查记录表，表中内容均略。

【提示】

不同类型的房屋在内业计算时方法会有很大不同，而计算所用的外业时采集的数据也会有很大的区别。这就要求外业工作人员对内业的计算要熟悉掌握，从而能抓住外业工作的重点。

估价人员对被拆迁房屋进行入户调查，对事先收集的有关被拆迁房屋的坐落、四至、面积、用途、产权等资料进行实地核实，同时亲临现场感受估价对象的位置、周围环境、条件的优劣。估价人员应详细实地查勘落实被拆迁房屋的房屋门牌号、方位、四邻、在院落中的具体位置，被拆迁房屋的产权人、房屋产别、产权证号、用途、面积等被拆迁房屋的权属状况，被拆迁房屋的建筑形式、建筑结构、建成年代、装修、设备、附属物状况、使用状况等的实物形态，认真填写调查表格，做好实地查勘记录，拍摄反映被拆迁房屋外观和内部状况的影像资料，需要时应绘制院落平面图。

表 4－1 **北京市房屋估价条件登记表（平房表一）**

编号：

房屋坐落：		产别：		产权人：		产权证号：		看产权证：	原、复、无
户口本数		户主姓名及年龄		大龄子女数		产权证载土地面积		实测土地面积	

房号	房屋座向	建成年代	房屋数量					房屋条件										房屋装修				
			间数	长（M）	宽（M）	建筑面积	柱高（M）	屋面	屋架 柁	屋架 檩	地面	顶棚	墙身	台基（M）	门窗	成新	组合间数	房号	项目	规格	数量	成新

设备及附属物								其他附属物			其他项目
项目	数量	规格	成新	项目	数量	规格	成新	项目	数量	规格	
暖气	M^2	铸、板		水表（回水）井	个			太阳能	个	袋、桶、品牌	
上水管	M			地漏	个			防盗门	个	高、中、低	
下水管	M			淋浴器	个			铁护窗	M^2	艺、普通	
陶瓷池	个			浴盆（套）	个			雨搭	M^2		
水磨石池	个			坐便器	个			窝	M^2		
水泥池	个			蹲便器	个			楼梯	M^2	板、水泥	
普通灯	份			化粪池	个			广告牌	个		
荧光灯	份			院墙	M^2			棚子、棚房	M^2		
电度表	个			院地	M^2	水、磨、缸		果树	棵		
雨落管	M			门楼	座	大、中、小		材树	棵		
渗井	个			随墙门	个	大、小		其他		高灶、火炕、整体橱柜	

建设单位（盖章）： 产权人签 联系电话： 证明： 填表： 年 月 日

1. 被拆迁房屋为平房，需要分别记录房屋的结构、装修、设备等情况并拍摄照片，记录的内容包括：

（1）房屋位置。坐落、方位、门牌号、房屋栋号、在院落中的位置等。

（2）房屋权属。产权人、房屋产别、产权证号、用途、面积等。

（3）房屋建筑。朝向、间数、建成年代、结构、檐高、屋面、屋架、墙身、门窗、顶棚、地面等。

（4）房屋装修。门套、窗套、墙裙、灯槽、窗帘盒、挂镜线、隔断、石材、贴面等。

（5）设备情况。卫生间设备、厨房设备、暖气、水池、渗井、上下水管、化粪池等。

（6）附属设施。门楼、院墙、院地、简易棚、回水井、防盗门等。

（7）树木。树木种类、直径等。

（8）其他需要记录的项目。

2. 被拆迁房屋为楼房，需要分别记录房屋的结构、装修、设备等情况并拍摄照片，记录的内容包括：

（1）房屋位置。坐落、方位、门牌号、栋号、在院落中的具体位置、所在层数等。

（2）房屋权属。产权人、产别产权证号、用途、面积等。

（3）房屋结构。砖木结构、砖混结构、钢混结构、钢结构、其他结构等。

（4）建筑特点。房屋层高、朝向、间数、建成年代等。

（5）墙体材料。黏土砖、空心砖、砌块、外挂板等墙体类型。

（6）附属设备。暖气、中央空调、燃气、抗震加固等。

（7）装修。毛坯、粗装修、精装修等。

（8）其他需要记录的项目。

3. 被拆迁房屋为厂房或其他的房屋时，参照平房、楼房的项目进行实地查勘并记录。

拍摄影像资料：是指入户调查时，用摄像机或照相机对被拆迁房屋外观和内部状况的不同部位（如房屋外立面、房屋入户门、客厅、卧室、卫生间、楼梯间、厨房等）进行拍摄，作为分户评估报告的附件。

实地查勘后，一般要由被拆迁人或其委托人签字，确认其调查内容的真实性与完整性。

房屋拆迁估价在入户调查记录装修、设备、附属物时，最重要的是不要漏项，此种错误最易被被拆迁人发现，从而使工作处于被动。在记录装修、设备、附属物时，对不能确定是否给予补偿的物件，一并记录，以备政策改变时不必重新入户。

此外，鉴于拆迁估价工作的复杂性，入户调查的估价人员还应洞悉产权人的心理状态，了解其需求，有问题及时反映。

具体到本案例的外业工作，提示如下：

（1）登记人在图纸和登记表上记录长宽，并现场计算出面积。

（2）测量柱高、台基。

（3）询问各房的建造年代（确定成新的参考）。

（4）隔断。记录厚度及面积。

（5）特殊装修。对油漆护墙、壁纸护墙、木包装修、瓷砖贴面、踢脚、水刷石、灯孔等特殊装修据实记录，测量面积。

（6）房屋成新。根据统一的成新标准，综合确定成新度（组长注意对成新度的把握）。

(7) 暖气。板式：按延米计；铸铁：按片计；锅炉：散煤、蜂窝煤、几眼、牌子、型号、供暖面积。记录有暖气自然间数。

(8) 天线杆。材质、高度。

(9) 院墙。测量长、高，计算面积，记录单砖、整砖，单、双面抹灰。

(10) 院地。记录院地材质，测量长、宽，计算面积。

(11) 树木。记录树种、测量直径。

(12) 铁门按面积记录。

(13) 移动后不影响使用的设备不作价。如空调、电话等，告知被拆迁户，该类设备国家有拆迁补偿标准。

子项目二 房屋拆迁估价内业工作

知识链接

在完成具体房屋的外业工作后，要在尽可能快的时间内进行内业数据录入工作，以便及时发现问题。如果有可能的话，由外业做业者本人完成内业数据的录入，将会更有利于数据的真实完整。

房屋拆迁估价内业工作除了将外业工作所搜集来的数据进行处理，按照评估方法的要求进行整理、分析外，在此基础上，还要运用适当的评估方法进行测算，最后编写评估报告。由于房屋拆迁估价各地规定不尽相同，所使用的方法也因项目各异。在此，以北京市为例进行介绍内业工作。

首先应该明确，城市房屋和宅基地房屋拆迁所依据的规定不同从而估价方法也不同。

具体来说，北京城市住宅房屋拆迁估价主要依据《北京市城市住宅房屋拆迁市场评估技术方案》(京建拆［2009］450 号) 和《关于进一步做好本市城市房屋拆近安置和补偿工作的若干意见》(京东建拆［2009］431 号)。非住宅房屋拆辽主要依据《北京市非住宅房屋拆辽评估技术标准》(京房地评字［1999］656 号)，宅基地房屋拆迁土要依据《北京市宅基地房屋拆迁补偿规则》(京国土房管征［2003］606 号)。

1. 宅基地房屋拆迁估价

房屋拆迁补偿价 = 宅基地区位补偿价 × 宅基地面积 + 被拆迁房屋重置成新价

宅基地区位补偿价由区县人民政府以乡镇为单位确定并公布。

2. 城市住宅房屋拆迁估价

房屋拆迁评估价款 = ［（基准价格 × K + 拆迁房屋重置成新价）× 因素修正系数］× 拆迁房屋建筑面积 + 拆迁房屋设备、装修及附属物价格

基准价格是指拆迁区域标准房地产的价格减去标准重置价的差额。

标准房地产价格是指在拆迁区域内与被拆迁房屋物业类型相似的标准样本房屋平均价格。

标准房地产价格应采用市场比较法评估确定，不具备采用市场比较法条件的，可采用其他评估方法。

(1) 一般情况下，在同一拆迁区域内可评估一个标准房地产价格，如果拆迁区域呈狭长带状分布，可将其划分为不同区段，分别评估各区段的标准房地产价格。

（2）市场比较法计算公式为：

标准房地产价格 = 可比实例价格 × 交易情况修正 × 交易日期修正 × 区域因素修正 × 个别因素修正 × 其他因素修正

（3）可比实例，一般应在与拆迁范围具有相同特征的临近区域内符合要求的交易案例中搜集和选取，可比实例原则上不少于三个。前述范围内可比实例不足时，可将选取范围扩展为与拆迁区域具有替代关系、价格会相互影响的相似区域。可比实例应优先选取近期成交的新建普通住宅商品房。

（4）可比实例的成交价格应符合下列要求：

①成交价格一般为正常交易情况下的房屋价格。

②成交价格应选取楼盘或项目的平均价格；条件不具备时，可选取个案价格，但须修正为楼层、朝向、成新等因素均处于一般状况下的价格。

（5）市场比较法中交易情况、交易日期、区域因素、个别因素、其他因素等各项因素的修正，均采用百分率法。

①区域因素修正内容主要包括：繁华程度，交通便捷程度，环境、景观，公共配套设施完备程度，城市规划限制等因素。具体内容应根据用途确定。

②个别因素修正内容主要包括：新旧程度，装修，设施设备，平面布置，工程质量，建筑结构，楼层，朝向等。具体内容应根据用途确定。

③每项修正对可比实例成交价格的调整不得超过 20%，综合调整不得超过 30%。

标准重置价是指标准样本房屋的重新建造成本价格。

K 为容积率修正系数，按照《容积率修正系数表》（见 450 号文附件一）确定。

因素修正系数包括朝向修正系数、楼层修正系数及其他情况修正系数，按照相关修正体系（见 450 号文附件二、三）确定。

房屋的设备、装修及附属物价格依实际数量按条件计分、计价计算。

3. 非住宅房屋拆迁估价

非住宅房屋拆迁价格 = 区位价格 × K_1 × K_2 × K_3 × 建筑面积 + 地上物补偿价

其中 K_1 为容积率调整系数，K_2 为房屋原用途调整系数，K_3 为规划用途调整系数，当规划用途为市政府确定市政公益事业等重点工程时取 0.7，其他情况取 1.0。地上物补偿价的计取，按北京市有关规定采取成本估价法，用房屋重置成本结合成新进行计算。

以上各类估价中一般都涉及被拆迁房屋重置成新价。被拆迁房屋重置成新价按照《北京市房屋重置成新价评估技术标准》（京国土房管拆［2003］808 号）的相关规定进行计算。

以上各类估价中一般都涉及被拆迁房屋重置成新价。被拆迁房屋重置成新价按照《北京市房屋重置成新价评估技术标准》（京国土房管拆［2003］808 号）的相关规定进行计算。

使用上述公式应注意下列问题：

（1）确定区位类别后，估价人员根据被拆迁房屋的具体区位状况，在该类别区位价格幅度范围内，确定委估房屋单位建筑面积的区位价格基数。

（2）根据被拆迁房屋房产证及土地证件所载的建筑面积和土地面积，确定现状容积率，并在容积率调整系数表中查取相应的调整系数。违章建筑及超过批准期限的临时建筑物不计建筑面积；不具备土地证时，按有关划拨文件及征地文件中载明的、与事实相符的土地面积计算。若不具备以上文件，应委托有关房屋土地管理部门进行实测。

【关键术语】

一、基准地价、基准房价

基准地价，是指在一定时间和一定区域内，普通住宅商品房的楼面地价平均水平；基准房价，是指一定时间和一定区域内，普通住宅商品房平均建设综合成本价和被拆迁房屋平均重置成新价的差额。

二、标准样本房屋

标准样本房屋是指在被拆迁房屋所在区域的环境状况下，模拟新建普通住宅商品房。一般应满足以下条件：

1. 钢混或砖混结构；
2. 毛坯房或普通装修（四白落地、水泥地面、带门窗等）；
3. 项目容积率大于1。

若拆迁区域环境状况特殊，也可根据区域环境状况确定标准样本房屋。

三、重置成新价

房屋拆迁中所称重置成新价，是指用估价时点的建筑材料和建筑技术，按估价时点的价格水平，重新建造与估价对象具有同等功能效用并且在相同成新状态下的建筑物的正常价格。

任务描述 2－1

测算估价对象房地产拆迁价格。

解决方案

步骤一：将外业资料输机。

步骤二：编制房屋部件计分表，对附属物进行作价。

案例中估价对象为平房，所以，应根据808号文中平房结构房屋的打分规定进行打分（表格略）。

步骤三：根据相关规定按照内业计算表计算被拆迁房屋重置成新价。

砖木结构平房房屋及附属物重置成新价＝｛［屋面分数＋屋架分数＋顶棚分数＋地面分数＋（墙身分数＋门窗分数）×柱高差率］×标准间数×成新折余率＋装修分数×成新折余率＋设备分数×成新折余率＋附属物分数×成新折余率｝×分值＋附属物据实估价

成新折余率的确定：按《砖木结构房屋成新评定说明》和《砖木结构房屋成新折余率表》执行；在房屋各部件计分表附计栏中另有规定的，依其规定；计残值的，按《各类房屋折余率表》计算；不计残值的，按成新百分比计算。

标准间数＝建筑面积÷20

柱高差率的确定，按《柱高差率表》执行。

附属物据实估价按《附属物据实估价表》执行。

具体略。

步骤四：按照内业计算表计算宅基地房屋拆迁补偿价格。

房屋拆迁补偿价＝宅基地区位补偿价×宅基地面积＋被拆迁房屋重置成新价

具体计算略。见表4－2。

表4-2　　拆迁单位：　　　　评估单位：　　　　房屋拆迁

房屋座落										产别	宅	承租人（产权人）				证号			
房屋状况					平面条件及分数					立面条件及分数									平面立面总分合计
方位	房号	房屋结构	自然间	建筑面积（m²）	屋面	屋架	顶棚	地面	平面分数小计	屋顶类型（平/	墙身	组合间调剂系数	台基调剂系数	墙身实得分数	门窗	柱高	柱高差率%	立面分数小计	
										平									
										平									
										平									
装修	房号	项目	分数	数量	成数	成新折余率%	实得分数	装修价款（元）	装修总价（元）	设备	房号	项目	分数	数量	成数	成新折余率%	实得分数	设备价款（元）	设备总价（元）
房屋总分				房屋总价					房屋平均单价					装修设备附属物总分				装修设备	

估价人：　　　　　　　　　　　　审核人：

估价表　　　　××× 评估［2006］拆估字 001 号—0000

				地号		建筑面积（m²）			土地面积（m²）						
房屋标准间数	房屋新旧程度	房屋种类（瓦/灰瓦/灰）	房屋成新折余率%	房屋实得分数	房屋价款（元）	房屋单价（元/m²）	隔断及格扇								
							隔断			格煽					隔断格扇总价（元）
							项目分数	数量	实得分数	项目分数	数量	成数	成新折余率%	实得分数	
附属物	房号	项目	分数	数量	成数	成新折余率%	实得分数	附属物价款（元）	附属物总价（元）	据实估价	项目	数量	单位	单价（元）	总价（元）
											空调移机				
附属物总价（元）		房屋（含装修设备附属物）总分		据实估价总价		重置成新总价									

项目负责人：　　　　××××年××月××日

【提示】

房屋部件计分表包括了房屋的各个部件的做法及相应分值。但因为其不可能包括所有构件的做法，而且分值也有可能根据不同情况而有所变化，因此在做不同地区项目的拆迁评估时都有相应的技术标准及补偿标准。

在利用计算机进行内业计算前，最好对计算机计算程序（大部分是 Excel 程序）的编程原理（例如函数的使用方法、各数据之间的逻辑关系）有一个较清楚的了解，这样在操作过程中更易应付各种情况，也更易发现问题症结所在，提高个人独立工作的能力。

打分表和计算表各个公司一般都有自己的模式。也有的公司将打分表和计算表合二为一。

任务描述 2－2

出具估价报告并进行答疑。

解决方案

步骤一：编制拆迁估价报告，出具分户的拆迁估价报告。

一般来说，宅基地房屋或城市住宅拆迁估价是大量相似估价对象的作业，所以在出具估价报告时一般对于每一户只出具《结果报告》和《估价结果通知单》。《估价结果通知单》样式见表 4－3。

表 4－3　　宅基地房屋拆迁补偿价格评估结果通知单

<table>
<tr><td colspan="3">项目名称</td><td colspan="5"></td><td colspan="4">估价报告编号</td><td colspan="4"></td></tr>
<tr><td colspan="3">委托估价单位</td><td colspan="5"></td><td colspan="4">受托估价单位</td><td colspan="4"></td></tr>
<tr><td colspan="3">产权人</td><td colspan="2"></td><td>产别</td><td colspan="2">宅</td><td colspan="4">房屋坐落</td><td colspan="4"></td></tr>
<tr><td colspan="3">建筑面积</td><td colspan="5">m²</td><td colspan="4">土地面积</td><td colspan="4">m²</td></tr>
<tr><td colspan="3">宅基地补</td><td colspan="5">元</td><td colspan="4">宅基地区位单价</td><td colspan="4">×××××元/m²</td></tr>
<tr><td rowspan="9">重置成新价</td><td colspan="3">房屋</td><td colspan="3">装修</td><td colspan="3">设备</td><td colspan="3">附属物</td><td colspan="3">据实估价</td></tr>
<tr><td>房号</td><td>建筑面积</td><td>房屋价款（元）</td><td>项目</td><td>数量</td><td>价格（元）</td><td>项目</td><td>数量</td><td>价格（元）</td><td>项目</td><td>数量</td><td>价格（元）</td><td>项目</td><td>数量</td><td>价格（元）</td></tr>
<tr><td>1</td><td></td><td></td><td></td><td></td><td></td><td></td><td></td><td></td><td></td><td></td><td></td><td></td><td></td><td></td></tr>
<tr><td></td><td></td><td></td><td></td><td></td><td></td><td></td><td></td><td></td><td></td><td></td><td></td><td></td><td></td><td></td></tr>
<tr><td></td><td></td><td></td><td></td><td></td><td></td><td></td><td></td><td></td><td></td><td></td><td></td><td></td><td></td><td></td></tr>
<tr><td></td><td></td><td></td><td></td><td></td><td></td><td></td><td></td><td></td><td></td><td></td><td></td><td></td><td></td><td></td></tr>
<tr><td></td><td></td><td></td><td></td><td></td><td></td><td></td><td></td><td></td><td></td><td></td><td></td><td></td><td></td><td></td></tr>
<tr><td colspan="2">合计（元）</td><td></td><td></td><td></td><td></td><td></td><td></td><td></td><td></td><td></td><td></td><td></td><td></td><td></td></tr>
<tr><td colspan="2">重置成新价</td><td colspan="13"></td></tr>
<tr><td>其他</td><td colspan="2">电话移机费</td><td colspan="2">空调移机费</td><td colspan="3">有线电视补偿费</td><td colspan="3">拆迁补助费</td><td colspan="2">促迁费</td><td colspan="3">其他项目总计</td></tr>
<tr><td>单位</td><td colspan="2"></td><td colspan="2"></td><td colspan="3"></td><td colspan="3"></td><td colspan="2"></td><td colspan="3"></td></tr>
<tr><td colspan="4">拆迁补偿费总额（元）</td><td colspan="12"></td></tr>
<tr><td colspan="16">年　　月　　日</td></tr>
</table>

步骤二：将分户的初步估价结果向被拆迁人公示，并现场说明，合理调整。

步骤三：将公示期满的拆迁房屋整体估价报告和分户估价报告送达委托人；注意要签评估报告送达回执单（见表4-4）。

表4-4　评估报告送达回执单

房屋座落	产权人	送达时间	是否同意公示	受送达人签字	送达人签字	证明人签字
		年　月　日				
备注：						

第一联

房屋座落	产权人	送达时间	是否同意公示	受送达人签字	送达人签字	证明人签字
		年　月　日				
备注：						

第二联

步骤四：答疑。

【提示】

拆迁估价期间和拆迁估价完成后，都应当向被拆迁人和委托人解释拆迁估价的依据、原则、程序、方法、参数选择和结果等。一般来说，重点是要解释清楚拆迁估价的依据，即相关政策规定。

课堂训练

1. 练习题1

现有一处于四级地价区（市区）的砖木结构南向的中式平房，占地面积为150m^2，建筑面积为100m^2，柱高3.2m，八成新。建设单位新立项项目规划容积率为3.6。其他具体情况如下：（1）屋面为水泥瓦下满铺望板、油毡；（2）屋架为七檩柁普通做法；（3）墙身为红砖墙，墙基为0.8m^2；（4）门窗为两玻一纱满玻璃门窗；（5）顶棚为轻钢龙骨石膏板；（6）地面为缸砖地；（7）不考虑该房屋的装修、设备、附属物。请测算该房屋的拆迁补偿价格（假设被拆迁房屋所处区域基准价格为3 543元/m^2）。

2. 练习题2

使用Excel计算子项目一、二解决方案的案例及练习题1，并形成Excel文档。

课后训练

1. 由教师指定某城市住宅楼房，要求学生进行拆迁估价。

（1）学生分组，一般3—4人一组。

（2）入户调查要求有外业勘察记录表。

（3）计算中有《打分表》和《计算表》，可以用一个表。

（4）出具《估价结果通知单》。

2. 通过网络、杂志、报刊等搜集当前房地产拆迁及其评估的相关规定。

（1）列出政策规定的具体名称，发布单位，实施时间。

（2）标明资料来源。

项目五　国有建设用地使用权出让价格评估

学习目标

- 能够把握国有建设用地使用权出让价格估价的特点
- 能够针对居住国有建设用地使用权估价搜集所需要的资料并进行搜集、分析工作
- 能够运用假设开发法、基准地价修正法和市场法等基本方法对国有建设用地使用权出让价格进行估价

本项目包含三个子项目：基准地价修正法估价、假设开发法估价、市场比较法估价。

引导案例

2006年2月10日，北京皓天房地产评估有限公司接受××××公司的委托，承诺对位于北京市怀柔区××镇的该公司拥有土地使用权的土地使用权进行估价，为确定政府收益和对原土地方进行补偿提供客观、公正、合理价格参考。估价基准日为2006年2月10日。

子项目一　基准地价修正法估价

知识链接

随着我国城市国有土地有偿使用制度的确立和发展，通过国有土地使用权出让的方式获取国有土地使用权已经成为一级土地市场上的土地使用者最普遍和最重要的一种途径和方式。同时，在我国国有企业改制和城市国有土地使用制度改革的过程中，也存在划拨地以及其他多种情况下的补地价等情形。由此，国有土地使用权出让价格评估也成为房地产估价的重要业务之一。

国有建设用地使用权出让价格评估与其他的估价相比具有以下特点：

1. 国有土地使用权出让价格评估应采用市场价值标准

国有土地使用权出让即使采取拍卖等方式，但由于此时的拍卖为自主性拍卖，拍卖的时机、地价都由土地出让方根据市场情况自主确定，所以有别于强制拍卖，应采用公开市场价值标准。

2. 估价时点一般为估价作业日期以后的某一时点

一般来讲，拍卖、招标、挂牌方式出让国有土地使用权时，其拍卖底价估价时点为相应宗地拍卖出让日、宗地招标出让日和宗地挂牌出让日。协议方式出让时，协议底价估价时点为宗地协议出让日。补地价的估价时点为受让方可办理土地使用权出让手续开始日。

此外，国有土地使用权出让价格评估在估价实务上，在国有土地使用权出让评估的报告中，一般使用假设开发法、市场比较法、基准地价法作为评估的基本方法，有时也会用到成本逼近法。评审报告的有关部门及评估规范并没有要求用哪种方法进行评估，只是要求必须用三种以上的评估方法进行评估。

基准地价修正法是在政府确定公布了基准地价的地区，通过对待估宗地地价影响因素的分析，利用宗地地价修正系数，对同一级别或同一区域的土地基准地价进行修正，估算待估宗地客观价格的方法。一般来说，只要估价对象位于基准地价覆盖区域，就可以使用基准地价法评估宗地价格。就北京市而言，根据北京市国土资源和房屋管理局有关规定，在评估宗地价格时，只要宗地在北京市基准地价覆盖区域，应使用基准地价系数修正法，且权重不低于30%。

基准地价修正法的基本公式：

$$V = V_b \times (1 + \sum K_i) \times K_j$$

式中：V——土地价格；

V_b——某一用途某一级别的基准地价；

K_i——宗地地价修正系数；

K_j——估价期日、容积率、土地使用年期等其他修正系数。

目前，就北京市而言，2002年12月4日，北京市人民政府以京政发［2002］32号文件颁发了《北京市人民政府关于调整本市出让国有土地使用权基准地价的通知》；2002年12月27日，北京市国土资源和房屋管理局以京国土房管出［2002］1121号文件颁发了《关于公布本市出让国有土地使用权基准地价应用方法的通知》，基准地价法评估基本以上述两个文件为依据估算土地使用权价格。

【关键术语】

一、国有建设用地使用权出让

国有建设用地使用权出让是指国家以土地所有者的身份将一定年限内的国有建设用地使用权让与土地使用者，土地使用者向国家支付土地使用权出让金的行为。国有建设用地使用权出让可以采用拍卖、招标或者挂牌的方式，特殊情况下，可以采用双方协议的方式。

二、楼面毛地价、楼面熟地价

楼面毛地价是指各土地级别内，在平均容积率条件下，政府收取的某种用途法定最高出让年期内的土地出让金、市政基础设施配套建设费的平均楼面价格。楼面熟地价是指各土地级别内，完成通平的土地在平均容积率条件下，每建筑面积分摊的完整土地使用权的平均价格。

三、国有建设用地使用权价格

国有建设用地使用权价格包括熟地价格、毛地价格和出让金。三者的逻辑关系为：

毛地价格 = 出让金 + 基础设施配套建设费用（市政四源）

熟地价格 = 毛地价格 + 土地开发费用（拆迁安置，土地平整）

而地价又分为楼面单价和地面单价，其中：

楼面单价 = 总地价 ÷ 建筑面积

地面单价 = 总地价 ÷ 占地面积

容积率 = 建筑面积 ÷ 占地面积

楼面单价 = 地面单价 ÷ 容积率

目前，北京市的建设用地使用权出让政策是当容积率 >1 时，按照楼面地价交纳地价款；当容积率 <1 时，按照单位地价交纳地价款。

四、补地价

补地价是指更改政府原出让土地时规定的用途，或增加容积率，或转让、出租、抵押划拨土地使用权，或出让的土地使用权续期等需要补交给政府的地价。补地价的实质是把由于政策性原因造成的土地增值部分不交给土地的所有者，即政府。

对于增加容积率来说，补地价的数额可用下列公式计算：

补地价数额 = （增加前的容积率 - 增加后的容积率）/增加前的容积率 × 增加前土地单价 × 土地总面积

任务描述 1 - 1

界定估价对象。

解决方案

步骤一：通过委托人提供的资料了解估价对象，列出资料清单，搜集相关资料。

一般来说，进行出让评估需要的资料主要有①：

1. 市计委可研批复或本系统的建立项批复（复印件）
2. 设计单位出具的地上、地下及规划用途建筑面积说明（原件）
3. 建设用地规划许可证及红线图（复印件）
4. 钉桩结果通知单（复印件）
5. 审定设计方案通知书及附图（复印件）

步骤二：实地查勘估价对象，编制实地查勘估价对象表（参见表 2 - 1）。

步骤三：对搜集的资料进行整理。

步骤四：进行估价对象概况描述，分析影响地价的因素，界定估价对象。

1. 估价对象概况

估价对象为 × × × 科技有限公司用地，土地规划用途为住宅。根据《拨地测量成果报告书》，估价对象规划建设用地面积 37 382.5m²。本次评估以规划意见书设定的规划要求为依据，容积率≤0.8，建筑规模≤30 000m²。

（1）土地登记状况。根据《国有土地使用证》、《建设用地规划许可证》，该宗地登记使用者为 × × × 科技有限公司，登记用途为工业，土地使用权性质为出让国有土地使用权，有偿国有土地使用权面积 37 382.5m²。土地使用期限自 1997 年 10 月 4 日至 2043 年 8 月 5 日。

---

① 指已经明确了土地使用者的情况，在国家土地一级市场上的国有建设用地使用权出让价格评估，一般就指相关规划资料。

估价对象位于北京市怀柔区××镇，其四至范围是：北至××项目用地，南至××，东至×××，西至××项目用地。该地区属于北京市居住用途八级地。

（2）土地权利状况。根据《国有土地使用证》，该宗地土地使用者为×××科技有限公司。×××科技有限公司拟将估价对象土地使用权进行公开入市交易。截至估价基准日，地块未设定抵押、租赁等他项权利。

（3）土地利用状况。估价对象现状为×××科技有限公司所使用的国有出让用地，地上尚有部分厂房未拆除。

根据北京市规划委员会颁发的规划意见书，估价对象规划用途为住宅。具体经济技术指标如下：建设用地面积37 382.5m^2；容积率≤0.8；建筑控制规模≤30 000m^2；建筑控制高度≤12m。

2. 影响地价的因素说明

（1）一般因素：

①城市资源状况（略）。

②房地产制度（国家土地使用制度和北京市的土地使用制度）（略）。

③房地产市场状况（重点是北京市的房地产市场状况，尤其是土地市场和商品住宅市场）（略）。

④城市规划和发展目标（略）。

（2）区域因素：

①区域概况（怀柔区区域概况，下同）（略）。

②交通便捷度（略）。

③基础设施条件（略）。

④居住社区成熟度（略）。

⑤商业繁华度（略）。

⑥自然和人文环境状况（略）。

⑦区域土地利用方向（略）。

（3）个别因素：

①地理位置。估价对象位于北京市怀柔区××镇，其四至范围是：北至××项目用地，南至××，东至××，西至××项目用地。估价对象距市中心距离约45km，距区域中心距离约1.5km，东距101国道约120m。

②建筑规模。根据《拨地测量成果报告书》，估价对象规划建设用地面积37 382.5m^2。根据规划意见书设定的规划要求为依据，容积率≤0.8，建筑规模≤30 000m^2。估价对象地上尚有部分厂房未拆除。

③临街道路状况。估价对象不临城市主干道，临小区级道路。

④宗地形状及可利用程度。估价对象宗地形状为梯形，形状较为不规则，对宗地利用有一定影响。

⑤基础设施条件。红线内基础设施现状条件达到“三通”，包括道路、上水、电力，能满足住宅建设施工使用。红线外基础设施配套条件达到“五通”，包括道路、上水、下水、电力、通讯。

⑥土地级别。估价对象所在地区属于北京市居住用途八级地。

⑦工程地质条件。估价对象宗地地势平坦，地质条件良好，能够满足本项目的建设要求。

任务描述 1 – 2

用基准地价法测算估价对象价格①。

【关键术语】：基准地价

根据《城市房地产管理法》的规定，基准地价是指在城镇规划区范围内，对现状利用条件下不同级别或不同均质地域的土地，按照商业、居住、工业等用途，分别评估确定的某一估价期日法定最高年限土地使用权的区域平均价格。

根据京政发［2002］32 号文的规定，北京市的基准地价是各土地级别内，土地开发程度为宗地外通路、通电、通信、通上水、通下水、通燃气、通热力及宗地内土地平整（以下简称“七通一平”），或宗地外通路、通电、通信、通上水、通下水及宗地内土地平整（以下简称“五通一平”），在平均容积率条件下，同一用途的完整土地使用权的平均价格。基准地价的表示形式为楼面熟地价，同时公布楼面毛地价。楼面熟地价是指各土地级别内，完成通平的土地在平均容积率条件下，每建筑面积分摊的完整土地使用权的平均价格。楼面毛地价是指各土地级别内，在平均容积率条件下，政府收取的某种用途法定最高出让年期内的土地出让金、市政基础设施配套建设费的平均楼面价格。

解决方案

步骤一：明确宗地用途、容积率、地价级别，设定估价对象的具体条件。

估价对象为×××科技有限公司用地，位于怀柔区××镇，容积率 0.8。对照《北京市基准地价用途分类表》，其基准地价土地用途属于居住类用途。根据估价对象的地理位置，参照《北京市基准地价级别范围文字说明》的规定，确定宗地地价区级别为八级地。

本次评估设定估价对象土地用途为居住用途，土地开发程度为“五通”，估价基准日 2006 年 2 月 10 日，法定最高出让年限为 70 年。

步骤二：确定宗地地面毛地价。

1. 适用的楼面毛地价

根据估价对象的具体用途、地理位置、区域因素、个别因素等具体情况取楼面毛地价 260 元/m^2。

2. 期日修正系数

期日修正系数 = 宗地评估基准日地价指数/基准地价基准日地价指数

估价人员查阅有关统计资料，并对估价对象所在区域居住用地市场进行调查，2002—2005 年北京市的地价水平略有变化，该区域该用途地价水平 2003 年比 2002 年约上涨 2%、2004 年比 2002 年约上涨 4%、2005 年比 2002 年约上涨 6%，2006 年目前地价水平与 2005 年持平，则以 2002 年的修正系数为 100、2003 年为 102、2004 年为 104、2005 年为 106、2006 年为 106。则期日修正系数为 1.06。

3. 年期修正系数

年期修正系数 = $[1-1/(1+r)^n] \div [1-1/(1+r)^m]$

其中，r 为土地还原利率；n 为宗地剩余使用年限；m 为法定最高出让年限。

---

① 其实在项目二中有基准地价法的应用案例，同学们可参照。

由于估价对象的剩余使用年限与其法定最高出让年限相同，故年期修正系数确定为1。

4. 因素修正系数

因素修正系数是指除期日、年期、用途之外的其他地价影响因素的综合修正系数。参照《北京市基准地价因素修正系数说明表》，根据宗地各种因素情况确定每种因素的修正系数，使用如下公式测算宗地因素修正系数：

$$因素修正系数 = 1 + \sum k_i$$

其中，k_i 为第 i 种因素的修正系数。

居住类用途的修正系数应包括居住社区成熟度、交通便捷度、区域土地利用方向、临路状况、宗地形状及可利用程度、公共服务设施和基础设施状况、自然和人文环境状况、与商业中心的接近程度。具体情况详见表5－1至表5－3。

表5－1　　　　地价因素等级说明表

	优	较优	一般	较劣	劣
居住社区成熟度	区域居住用地比例高，居住小区规模大，社区发展完善	区域居住用地比例较高，居住小区规模较大，社区发展较完善	区域居住用地比例一般，居住小区规模一般，社区发展基本完善	区域居住用地比例较低，居住小区规模较小，社区发展不够完善	区域居住用地比例低，居住小区规模小，社区发展很不完善
交通便捷度	区域路网密集程度高，对外交通条件好，公交线路数量＞10条，距公交站点距离≤20m	区域路网密集程度较高，对外交通条件较好，公交线路数量8—10条，距公交站点距离20—50m	区域路网密集程度一般，对外交通条件一般，公交线路数量5—8条，距公交站点距离50—80m	区域路网密集程度较低，对外交通条件较差，公交线路数量2—5条，距公交站点距离80—100m	区域路网密集程度低，对外交通条件差，公交线路数量≤2条，距公交站点距离＞100米
区域土地利用方向	周边土地利用方向一致	零星有其他用地，基本不影响宗地	有部分其他用地，对本宗地略有影响	其他用地较多，对本宗地影响较大	大部分为其他用地，对本宗地影响大
临路状况	临城市主干道	临城市次干道	临城市支线道路	临街巷	临小区级道路
宗地形状及可利用程度	宗地形状规则，可利用程度高	宗地形状较规则，可利用程度较高	宗地形状较不规则，但对宗地利用影响小	宗地形状较不规则，对宗地利用有影响	宗地形状较不规则，对宗地利用影响大
公共服务设施和基础设施状况	基础设施在五通以上，保证率高。公共服务设施完善	基础设施在五通以上，保证率较高。公共服务设施较完善	基础设施在三通至五通之间，保证率一般。公共服务设施基本完善	基础设施在三通至五通之间，保证率较低。公共服务设施不够完善	基础设施低于三通，保证率较低。公共服务设施不完善
自然和人文环境状况	区域内自然环境好，污染小，居民素质高	区域内自然环境较好，污染较小，居民素质较高	区域内自然环境一般，有一定污染，居民素质一般	区域内自然环境较差，污染较严重，居民素质较低	区域内自然环境差，污染严重，居民素质低
与商业中心的接近程度	距地区级商业中心距离＜1km	距地区级商业中心距离［1，2）km	距地区级商业中心距离［2，3）km	距地区级商业中心距离［3，4）km	距地区级商业中心距离≥4km

表 5－2　　　　地价因素等级修正系数表

	优	较优	一般	较劣	劣
居住社区成熟度	1.98—3.3	0.66—1.98	－0.66—0.66	－1.98— －0.66	－3.3— －1.98
交通便捷度	3.96—6.6	1.32—3.96	－1.32—0.32	－3.96— －1.32	－6.6— －3.96
区域土地利用方向	1.98—3.3	0.66—1.98	－0.66—0.66	－1.98— －0.66	－3.3— －1.98
临路状况	1.98—3.3	0.66—1.98	－0.66—0.66	－1.98— －0.66	－3.3— －1.98
宗地形状及可利用程度	1.584—2.64	0.528—1.584	－0.528—0.528	－1.584— －0.528	－2.64— －1.584
公共服务设施和基础设施状况	2.376—3.96	0.792—2.376	－0.792—0.792	－2.376— －0.792	－3.96— －2.376
自然和人文环境状况	3.96—6.6	1.32—3.96	－1.32—1.32	－3.96— －1.32	－6.6— －3.96
与商业中心的接近程度	1.98—3.3	0.66—1.98	－0.66—0.66	－1.98— －0.66	－3.3— －1.98

表 5－3　　　　估价对象因素修正系数表

	影响因素情况	等级	因素修正系数（%）
居住社区成熟度	居住用地在该地区所占比例较高，规模较大，居住社区发展完善程度较高	较优	1.5
交通便捷度	区域内的交通主干道有京承高速公路、101 国道、富密路、怀昌路，区域路网密集程度较高，交通拥堵状况较少。对外交通条件较好	较优	3
区域土地利用方向	周边土地利用方向一致	优	2.5
临路状况	估价对象临小区级道路	劣	－2.5
宗地形状及可利用程度	估价对象宗地形状为梯形，形状较为不规则，对宗地利用有一定影响	劣	－2
公共服务设施和基础设施状况	区域内基础设施配套条件达到五通，保证率较高。区域内公共配套设施完善	较优	2
自然和人文环境状况	区域内绿化率高，污染小，自然环境好；居民素质高，总体环境状况好	优	4
与商业中心的接近程度	距地区级商业中心约 2km，所在区域商业繁华度一般	一般	0

因素修正系数＝1＋（1.5＋3＋2.5－2.5－2＋2＋4）%＝1.085

5. 地面毛地价的确定

估价对象的容积率为 0.8，容积率小于 1，根据北京市土地出让市场目前的情况，地面地价的水平与楼面地价水平相当，因此其适用的地价公式为：

宗地地面毛地价 = 适用的楼面毛地价 × 期日修正系数 × 年期修正系数 × 因素修正系数

$= 260 \times 1.06 \times 1 \times 1.085 = 299.03$ 元/m^2

步骤三：确定宗地地面出让金。

根据《关于公布本市出让国有土地使用权基准地价应用方法的通知》（京国土房管出［2002］1121 号）和北京市土地出让市场的实际情况，对于征收土地出让金的项目，四环路中心线以外的项目按毛地价的 60% 收取，则估价对象的地面出让金为：

宗地地面出让金 = 宗地地面毛地价 × 60%

$= 299.03 \times 60\% = 179.42$ 元/m^2

出让金总价 = 179.42 × 37 382.5 = 670.72（万元）

【提示】

注意估价对象实际用途为工业，而规划用途为居住。在估价时应首先考虑合法原则，在此前提下，我们应采用居住用途而非工业用途。此外，由于在新的北京市规划中，怀柔区是重要的卫星城市，所以近年来怀柔区经济发展迅速，城市景观迅速提升。而北京市“基准地价”中规定的熟地价水平与实际情况有很大出入，明显偏低。

在运用基准地价修正法评估宗地价格时，应严格按照北京市国土资源和房屋管理局《关于公布本市出让国有土地使用权基准地价应用方法的通知》（京国土房管出［2002］1121 号）的有关规定执行。

“适用的楼面熟地价”参照《基准地价》取相应地价区级别高低限的简单算术平均值，但由于宗地价格的非线性变化特性，所以该平均值往往并不能够代表该地价区的一般条件下的宗地地价（平均）水平，所以在熟地价格计算公式中需加上“位置、用途修正”一项以将该平均值修正为该地价区一般条件下的宗地地价水平，这是市国土房管局对 2002 年版基准地价以非文件形式作出的修正之一。

“适用的楼面毛地价”应根据宗地用途类别、地价区级别和具体情况，参照《北京市基准地价表》，适当选取能够代表该地价区一般条件宗地的毛地价格水平：（1）高档用途、宗地位置靠近较高地价区级别的，应靠近级别地价高限取值；低档用途、宗地位置靠近较低地价区级别的，应靠近级别地价低限取值；（2）别墅、公寓应取级别高限；（3）紧邻城铁、地铁站以及沿河风景优美的项目应取高限；（4）便民店、社区服务网点用地价格按照住宅的 1.5 倍计算。

子项目二　假设开发法估价

知识链接

假设开发法，又叫剩余法，是求取估价对象未来开发完成后的价值，减去未来的正常开发成本、税费和利润等，以此估算估价对象的客观合理价格或价值的方法。属于成本法的倒算法。

假设开发法目前主要用于地价评估，包括熟地、生地、毛地和土地出让金，也可用于在建工程的价值评估和旧房的价值评估。假设开发法的最基本的公式：

待开发房地产的价值 = 开发完成后的房地产价值 - 开发成本 - 管理费用 - 投资利息 - 销售税费 - 开发利润 - 投资者购买待开发房地产应负担的税费

假设开发法是评估国有土地使用权出让价格最常用的方法之一。其方法运用的前提条件是估价对象土地规划设计条件应经规划主管部门审批。

【关键术语】：最高最佳原则

一般来说，在假设开发法中，选择最佳的开发利用方式依据的都是最高最佳使用原则。

最高最佳使用原则要求房地产估价以估价对象的最高最佳使用为前提进行。所谓最高最佳使用，是估价对象的一种最可能的使用，这种最可能的使用是法律上允许、技术上可能、经济上可行，经过充分论证，并能给估价对象带来最高价值的使用。

任务描述 2 - 1

进行假设开发法评估准备工作。

解决方案

步骤一：界定估价对象，列出假设开发法评估所需要的资料清单。

资料一般包括：(1) 相关法律、行政法规、规章，当地行业发展的限制政策、区域总体规划、环境影响评价资料；(2) 估价对象实物、权益情况；(3) 北京市区域市场状况、区域经济运行情况、区域类似物业市场资料、类似物业收益、运营成本等相关资料。

步骤二：进行最高最佳分析，选择最佳的开发利用方式。

以规划意见书设定的规划要求为依据，项目容积率 ≤0.8，建筑控制规模 ≤30 000m²，规划用途为住宅。本次评估严格以规划文件的规划设计要求为依据，以住宅用途作为其最佳开发利用方式（具体过程略）。

步骤三：实地勘察（略），搜集可比案例资料及相关成本、费用、利息、利润及税费资料（略）。

【提示】

最高最佳使用分析的方法，是依次从下面四个方面进行验证：

1. 法律上的许可性

首先检查潜在的使用方式是否为法律所允许，如果法律不允许的，应被淘汰。

2. 技术上的可能性

对于法律所允许的每一种使用方式，要检查它在技术上是否能够实现，包括地形、地质、位置、建筑材料性能、施工技术手段等能否满足要求，如果是技术上达不到的，应被淘汰。

3. 经济上的可行性

对于法律上允许、技术上可能的每一种使用方式，还要进行经济上的可行性检验，经济上的可行性通过定性和定量分析两种方法来验证。定性分析主要通过近期北京市房地产市场状况和区域发展趋势分析和论证开发建设商业房地产的客观合理性。定量分析一般做法是：针对每一种使用方式，首先预测未来的收入和支出流量，选择合适的基准收益率计算财务净现值，科学求取内部收益率、投资利润率、动态投资回收期等财务指标。财务净现值为正数、内部收益率大于基准收益率的使用方式才是经济上可行的使用方式。

4. 价值最大化

在所有具有经济上可行性的使用方式中，能使估价对象价值达到最大的使用方式，才是最高最佳使用方式。

任务描述2－2

运用假设开发法估价。

解决方案

步骤一：确定总开发价值。

1. 市场售价的确定

通过比照市场上周围地区同类型物业的销售价格（表5－4），并根据估价对象的具体位置、物业类型、档次，确定其建成时的售价为4 000元/m^2。

表5－4　　周边项目销售情况表

名称	成交价格（元/m^2）	物业类型	位置	交易日期	交易情况
项目A	4 600	低密度住宅	怀柔区庙城镇	2006年2月	市场交易
项目B	4 000	普通住宅	怀柔水库东岸	2006年2月	市场交易
项目C	5 300	别墅	雁栖环岛西100米	2005年12月	市场交易

2. 总开发价值的确定

4 000×30 000＝12 000（万元）

步骤二：确定总开发成本。

1. 建造成本

（1）建安工程费。根据估价对象的设计要求、物业档次，结合市场上同类物业建设工程、设备安装工程和装饰装修工程的材料及施工费用，依现行的建安工程预算定额确定估价对象单位建筑面积的建安工程费为1 300元/m^2。

（2）红线内市政费用（根据估价对象的实际情况，取建安工程费的12%）：1 300×12%＝156（元/m^2）。

（3）建造成本小计（以上两项合计）：1 456元/m^2。

2. 不可预见费（分析估价对象的开发建设难度，取建安工程费的5%）

1 300×5%＝65（元/m^2）

3. 专业人士费（根据估价对象的建筑规模、建筑标准、预计投资总额等条件，取建造成本的7%）

1 456×7%＝101.92（元/m^2）

4. 贷款利息

现行1～3年期中长期贷款利率为5.49%，考虑必要的融资费用，综合权衡确定年利率取6%，房产开发周期2年，按复利计息，则利息支出为：

$(1\ 456+65+101.92)\times[(1+6\%)^1-1]=97.38$（元/$m^2$）

5. 建安总成本（以上四项合计）

1 456＋65＋101.92＋97.38＝1 720.3（元/m^2）

1 720.30×30 000＝5 160.9（万元）

步骤三：确定开发商利润。

依据目前房地产市场的收益状况，取开发商成本利润率为20%，则开发商利润（不包括购地成本利润、利息）为：

(1 456 +65 +101.92） ×20% ×30 000 =973.75（万元）

步骤四：确定销售费用[①]。

1. 两税一费

包括营业税（销售收入的5%）、城市维护建设税（营业税的7%）及教育费附加（营业税的3%），总计为销售收入的5.5%：12 000 ×5.5% =660（万元）

2. 代理及广告宣传费（以销售收入的2%计）

12 000 ×2% =240（万元）

3. 销售费用

销售费用总计为900万元。

步骤五：确定项目开发余值。

12 000 -5 160.9 -973.75 -900 =4 965.35（万元）

步骤六：确定出让金。

1. 土地一级开发完成后的熟地价

设熟地总价为p，房产开发周期2年，按复利计息。

$p\times(1+6\%)^2=4\ 965.35$（万元）

熟地总价 p =4 419.14（万元）

地面熟地价 =4 419.14 ÷37 382.5 =1 182.14（元/m^2）

2. 土地开发费

根据对该区域土地开发成本的调查和测算，达到宗地红线内“三通一平”其地面土地开发费取1 000元/m^2。

3. 出让金

地面出让金 =熟地价 - 土地开发费 =1 182.14 -1 000 =182.14（元/m^2）

楼面出让金 =182.14 ÷0.8 =227.68（元/m^2）

出让金总价 =182.14 ×37 382.5 ÷10 000 =680.88（万元）

【提示】

预测开发完成后的房地产价值，宜采用市场比较法，并应考虑类似房地产价格的未来变动趋势。如果采用现金流量法，一定要细化销售进度与开发进度，切实将现金流与时间周期结合起来。同时慎重地选取或计算还原利率。

同时，运用假设开发法估价必须考虑资金的时间价值。在实际操作中宜采用折现的方法；难以采用折现方法时，可采用计算利息的方法。

注意在开发建设过程中的成本和费用支出，不要出现明显的漏项。在取值时应当选取市场平均水平。

此外，几种评估方法所直接求出的单价应该是同一价格内涵，即需要审定其毛地楼面单价的，三种方法就全部求出毛地楼面单价；需要审定其出让金地面单价的，三种方法就全部

---

① 注意本教材此处所选案例没有严格界定销售费用和销售税费。一般来说，销售费用包括广告、代理等费用，计入成本，而销售税费一般指销售收入发生后交的税费，如“两税一费”，不计入成本，从收入中直接扣除。

求出出让金地面单价。

子项目三　市场法估价

知识链接

市场法是建设用地使用权市场交易较为活跃，可比实例较多时普遍采用的一种方法。评估国有建设用地使用权出让价格时，先选取与估价对象土地有可比性的市场交易实例。所谓可比性，表现在土地规划用途的同一性、土地供求范围的同一性或土地等级的同一性、土地生熟程度的同一性、土地规划条件的同一（或相似）性、土地交易日期的相近性，以及交易情况的正常性等。然后在交易日期、交易情况、区位状况、实物状况等方面予以调整，得出估价对象土地使用权价格。

使用市场法进行国有建设用地使用权价格评估时，应尤其注重所选实例的可替代性。

由于土地数量的稀缺性和位置的固定性，即使在具有同质性的同一供求圈内，每一宗土地都有自己的特点，也就是说土地的可替代性较差。因此，在采用市场法进行国有建设用地使用权出让价格评估时，更要注意所选取的可比实例的用途和所处地段应相同，即有相同的土地利用方式和处于相同特征的同一区域或邻近地区，或处于同一供求圈内或同一等级土地内。否则，不能采取市场法评估出让建设用地使用权价格。

【关键术语】：替代原则

替代原则是基于经济学中的替代原理，主要以消费者正常的和理性的消费行为基础而形成的基本原则。遵循替代原则，要求估价结果不得明显偏离类似房地产在同等条件下的正常价格。类似房地产是与估价对象处在同一供求圈内，并在用途、规模、档次、建筑结构等方面与估价对象相同或相近的房地产。同一供求圈是指与估价对象具有替代关系、价格会互相影响的适当范围。

任务描述 3－1

进行市场法评估准备工作，选定可比案例。

解决方案

步骤一：界定估价对象，列出市场法评估所需要的资料清单（略）。

步骤二：实地勘察（略），搜集可比案例资料，确定可比因素。

根据估价对象与交易案例实际情况，选用影响地价的比较因素，主要包括：交易时间、土地用途、交易情况、区域因素和个别因素等（其他内容略）。

步骤三：选定可比案例。

根据替代原则，选取近期同一供需圈内邻近地区的三个相同用途的出让案例进行比较。

1. 案例 A

龙山新新小镇，位于怀柔区庙城镇，居住用途，建设用地面积 237 283.283m^2，容积率 0.73，土地使用年限为 70 年，所在地区基础设施配套程度已达“五通一平”。该宗地于 2003 年 3 月通过原北京市国土资源和房屋管理局审定，交易方式为国有土地使用权出让，交易情况正常，地面出让金 170 元/m^2。

2. 案例 B

凤瑞小区住宅项目，位于怀柔区杨宋镇，居住用途，建设用地面积 192 762m²，容积率 0.8，土地使用年限为 70 年，所在地区基础设施配套程度已达“五通一平”。该宗地于 2004 年 3 月通过原北京市国土资源和房屋管理局审定，交易方式为国有土地使用权出让，交易情况正常，地面出让金 130 元/m²。

3. 案例 C

龙山新新小镇二期，位于怀柔区庙城镇，居住用途，建设用地面积 45 265.054m²，容积率 0.65，土地使用年限为 70 年，所在地区基础设施配套程度已达“五通一平”。该宗地于 2005 年 12 月通过北京市国土资源局审定，交易方式为国有土地使用权出让，交易情况正常，地面出让金 180 元/m²。

【提示】

需要测算出让金楼面单价的，市场比较法应该直接选择以出让金楼面单价为审定地价的案例进行比较。

任务描述 3－2

运用市场法估价。

解决方案

步骤一：进行比较因素修正。

表 5－5 对影响地价的各种因素进行了说明，估价人员根据比较因素对地面出让金的影响规律，对因素条件进行量化，从而确定因素修正系数。

表 5－5　因素条件说明表

比较因素		估价对象	案例 A	案例 B	案例 C
交易时间		2006 年 2 月	2003 年 3 月	2004 年 3 月	2005 年 12 月
土地用途		居住	居住	居住	居住
交易情况		国有建设用地使用权出让	国有建设用地使用权出让	国有建设用地使用权出让	国有建设用地使用权出让
出让金（元/m²）		待估	170	130	180
区域因素	交通便捷度	较高	较高	一般	较高
	居住社区成熟度	较高	较高	较低	较高
	商业繁华度	一般	一般	一般	一般
	环境优劣度	好	好	较好	好
	基础设施配套状况	五通	五通	五通	五通
	公共配套设施状况	基本完善	基本完善	基本完善	基本完善
个别因素	距区域中心距离	约 1.5km	约 1.5km	约 3.5km	约 1.5km
	宗地形状	较规则	较规则	较规则	较规则
	容积率	0.8	0.73	0.8	0.65
	临街状况	不临街	一面临街	一面临街	不临街
	规划限制条件	有一定限制	有一定限制	有一定限制	有一定限制

步骤二：编制比较因素条件指数表。

根据估价对象与比较案例各种因素具体情况，编制比较因素条件指数表。比较因素指数确定如下：

第一，估价对象与三个案例的交易情况及区域因素中的商业繁华度、基础设施配套状况、公共配套设施状况，个别因素中的规划限制条件等因素均一致，故对上述影响地价的因素不作修正。

第二，交易时间。估价人员查阅有关统计资料，并对估价对象所在区域居住用地市场的调查，2002—2005 年北京市的地价水平略有变化，该区域该用途地价水平 2003 年比 2002 年约上涨 2%、2004 年比 2002 年约上涨 4%、2005 年比 2002 年约上涨 6%，2006 年地价水平与 2005 年持平，则以 2002 年的修正系数为 100、2003 年为 102、2004 年为 104、2005 年为 106、2006 年为 106。

第三，由于估价对象与比较案例的容积率均小于级别平均容积率，根据《关于公布本市出让国有土地使用权基准地价应用方法的通知》（京国土房管出［2002］1121 号），此项不作修正。

第四，区域及个别因素修正系数。（1）交通便捷度：分为低、较低、一般、较高、高五个等级，以估价对象为 100，每上升或下降一个等级，指数增加或减少 6%；（2）居住社区成熟度：分为低、较低、一般、较高、高五个等级，以估价对象为 100，每上升或下降一个等级，指数增加或减少 5%；（3）环境优劣度：分为差、较差、一般、较好、好五个等级，以估价对象为 100，每上升或下降一个等级，指数增加或减少 5%；（4）距区域中心的距离：根据估价对象及比较案例距市中心的距离进行比较，以估价对象为 100，每增加或减少 1km，指数减少或增加 1%；（5）宗地形状：分为不规则、较规则、规则三个等级，以估价对象为 100，每上升或下降一个等级，指数增加或减少 2%；（6）临街状况：分为不临街、一面临街、两面临街、三面临街四个等级，以估价对象的等级为 100，每上升或下降一个等级，指数增加或减少 1%。

根据以上比较因素指数的说明，编制比较因素条件指数表（见表 5-6）。

表 5-6　　比较因素条件指数表

比较因素		估价对象	案例 A	案例 B	案例 C
交易时间		106	102	104	106
土地用途		100	100	100	100
交易情况		100	100	100	100
区域因素	交通便捷度	100	100	94	100
	居住社区成熟度	100	100	90	100
	商业繁华度	100	100	100	100
	环境优劣度	100	100	95	100
	基础设施配套状况	100	100	100	100
	公共配套设施状况	100	100	100	100

续表

比较因素		估价对象	案例 A	案例 B	案例 C
个别因素	距区域中心距离	100	100	98	100
	宗地形状	100	100	100	98
	容积率	100	100	100	100
	临街状况	100	101	101	100
	规划限制条件	100	100	100	100

步骤三：进行因素修正，计算比准价格。

在因素条件指数表的基础上，进行比较实例交易情况、交易时间、区域因素和个别因素等修正，即将估价对象的因素条件与比较实例的因素条件进行比较，得到各因素修正系数，并得出比准价格（见表 5－7）。

表 5－7　　因素比较修正系数表

比较因素		案例 A	案例 B	案例 C
出让金（元/m^2）		170	130	180
交易时间		106/102	106/104	106/106
土地用途		100/100	100/100	100/100
交易情况		100/100	100/100	100/100
区域因素	交通便捷度	100/100	100/94	100/100
	居住社区成熟度	100/100	100/90	100/100
	商业繁华度	100/100	100/100	100/100
	环境优劣度	100/100	100/95	100/100
	基础设施配套状况	100/100	100/100	100/100
	公共配套设施状况	100/100	100/100	100/100
个别因素	距区域中心距离	100/100	100/98	100/100
	宗地形状	100/100	100/100	100/98
	容积率	100/100	100/100	100/100
	临街状况	100/101	100/101	100/100
	规划限制条件	100/100	100/100	100/100
综合修正系数*		1.0289	1.2812	1.0204
比准价格		174.91	166.56	183.67

注：＊综合因素条件修正系数为各因素修正系数连乘计算的结果。

考虑到三个实例修正后得到的结果水平接近，故取其算术平均值作为比准结果：

地面出让金＝（174.91＋166.56＋183.67）÷3＝175.05（元/m^2）

出让金总价 = 175.05 × 37 382.5 = 654.38（万元）

步骤四： 确定土地开发费。

根据对该区域土地开发成本的调查和测算，达到宗地红线内“三通一平”其地面土地开发费取 1 000 元/m²。

步骤五： 确定熟地价。

地面熟地价 = 出让金 + 土地开发费 = 175.05 + 1 000 = 1 175.05（元/m²）

露面熟地价 = 1 175.05 ÷ 0.8 = 1 468.81（元/m²）

【提示】

在最后地面熟地价和地面出让金确定时，由于三种方法在结果上相似且符合估价对象的实际情况，因此均采用算数平均法得到地面熟地价和地面出让金（见表 5－8）。

表 5－8　　三种方法结果一览表

估价方法	地面出让金（元/m²）	地面熟地价（元/m²）
基准地价法	179.42	—
假设开发法	182.14	1 182.14
市场法	175.05	1 175.05
算数平均值	179	1 179

地面出让金 = 179（元/m²）

出让金总价 = 179 × 37 382.5 = 669（万元）

楼面出让金 = 669 × 10 000 ÷ 30 000 = 223（元/m²）

地面熟地价 = 1 179（元/m²）

熟地总价 = 1 179 × 37 382.5 = 4 407 万元

楼面熟地价 = 4 407 × 10 000 ÷ 30 000 = 1 469（元/m²）

课堂训练

1. 练习题 1

某在建工程开工于 2006 年 11 月 1 日，总用地面积为 4 000m²，规划总建筑面积为 20 000m²，用途为写字楼。其土地使用年限为 50 年，从开工之日起计；当时取得土地的花费为楼面地价 800 元/m²。该项目的正常开发期为 2 年，开发成本为建筑面积 2 500 元/m²，管理费用为开发成本的 3%。至 2007 年 5 月 1 日实际完成了主体结构，已投入 45% 的建设费用（开发成本 + 管理费用），剩余 55% 的建设费用在接下来 1.5 年的开发期内均匀投入。建成半年后可租出，租金为 100 元/（m²·月），可出租面积为建筑面积的 70%，正常出租率为 85%，出租的运营费用为有效毛收入的 25%。购买该在建工程买方需要缴纳的税费为购买价的 3%，同类房地产开发项目的各项销售费用与销售税费为售价的 8%，同类房地产开发项目的开发利润为售价的 15%，同类房地产出租经营的资本化率为 12%。试用假设开发法的动态方式估算该在建工程 2007 年 5 月 1 日的正常购买价格和按规划建筑面积折算的单价（折现率为 10%）。

2. 练习题 2

使用 Excel 计算子项目一、二、三中解决方案的案例 2，并形成 Excel 文档。

课后训练

1. 由教师指定某宗正在公开出让的土地，要求学生进行实地勘察。

（1）编制《实地勘察记录表》。

（2）完成实地勘察过程中的估价对象及其周边环境的拍摄工作。

2. 通过网络、杂志、报刊等搜集当前当地的国有土地使用权出让的政策。

（1）列出政策规定的具体名称、实施时间以及主要内容。

（2）标明资料来源。

3. 进行北京市某区域住宅市场信息调查和分析。

（1）编制所要搜集资料清单。

（2）将资料汇总。

（3）根据资料进行分析，形成文档。

项目六　估价报告写作

学习目标

- 能够把握房地产估价报告的基本格式和内容
- 能够进行房地产估价报告的编辑工作

本项目包含一个子项目：估价报告编辑。

引导案例

2006 年 7 月 20 日，北京皓天房地产评估有限公司接受建设银行朝阳公园支行的委托，承诺为张女士所有的位于北京市朝阳区朝阳公园南路××号院××公寓房地产（建筑面积为 220.33 平方米）一套进行房地产抵押价值评估，为确定住房抵押贷款额度提供参考依据。小陆等人在接受了估价委托后，小陆负责进行资料的搜集工作和报告的编辑工作。要求小陆在完成项目的过程中即进行数据的输机和资料整理以及报告编辑工作。

子项目一　估价报告编辑

知识链接

房地产（土地）估价报告是全面、公正、客观、准确地记述估价过程和估价成果的文件，是给委托方的书面答复，是关于估价对象的客观合理价格或价值的研究报告。房地产估价报告的撰写应完全按照《房地产估价规范》和《城镇土地估价规程》。此外，如果地方有规定，还应符合地方的规定。

房地产（土地）估价报告应做到下列几点：

1. 全面性

应完整地反映估价所涉及的事实、推理过程和结论，正文内容和附件资料应齐全、配套。

2. 公正性和客观性

应站在中立的立场上对影响估价对象价格或价值的因素进行客观的介绍、分析和评论，作出的结论应有充分的依据。

3. 准确性

用语应力求准确，避免使用模棱两可或易生误解的文字，对未经查实的事项不得轻率写入，对难以确定的事项应予以说明，并描述其对估价结果可能产生的影响。

4. 概括性

应用简洁的文字对估价中所涉及的内容进行高度概括，对获得的大量资料应在科学鉴别与分析的基础上进行筛选，选择典型、有代表性、能反映事情本质特征的资料来说明情况和表达观点。

房地产估价报告按照其格式，又可分为叙述式报告和表格式报告。

对于成片或成批多宗房地产的同时估价，且单宗房地产的价值较低时，估价报告可以采用表格的形式，如旧城区居民房屋拆迁估价或成批房地产处置估价、居民预购商品住宅的抵押估价报告，也可以采用表格的形式。

叙述式报告能使房地产估价人员有机会充分论证和解释其分析、意见和结论，使估价结果更具有说服力。叙述式报告是估价人员履行对委托人责任的最佳方式。所以，叙述式报告是最普遍、最完整的估价报告形式。

任务描述 1－1

编辑房地产（土地）估价报告。

解决方案

步骤一：明确估价报告的内容。

步骤二：根据委托估价的估价目的以及估价对象情况选择搭建估价报告框架。

步骤三：根据已经掌握的资料撰写估价报告的每个部分。

【提示】

估价报告应包括下列部分：（1）封面；（2）目录；（3）致委托方函；（4）估价师声明；（5）估价的假设和限制条件；（6）估价结果报告；（7）估价技术报告；（8）附件。

其中估价的假设和限制条件以及估价结果报告中的价值定义和估价原则都涉及估价报告的效力和使用，所以要针对估价目的、估价对象情况进行认真的分析和表述。

此外，一般每个公司都有自己的估价报告模式，估价人员只需要根据估计目的和估价对象的实际情况选择相应的模式并进行修改即可。

任务描述 1－2

对完成的估价报告进行检查。①

解决方案

步骤一：进行内容检查，保证估价报告内容完整。

步骤二：进行文字、数字、排版检查，保证不出现错别字，排版正确。

步骤三：进行语言表达检查，保证表述规范。

步骤四：进行前后一致性检查，保证各个部分表述一致。

步骤五：进行资料表述准确性检查，保证所阐述内容都是报告中必须的。

步骤六：进行计算正确性检查，保证计算过程和计算结果正确。

步骤七：确认各个部分是否符合《房地产估价规范》和《城镇土地估价规程》的要求。

【提示】

一般来说，对于估价对象的界定、估价方法的选择、估价公式的选择、估价所用参数的

① 参照估价机构的三审制：先是小组人员自检，之后小组长检查，最后各小组之间互检。

选择、估价的假设条件和说明、估价价值定义等重要内容都由估价师确定，估价师助理一般不能决定。估价人员在进行检查时，应细心、耐心。

课堂训练

检查以下报告，指出错误①。

××写字楼房地产估价技术报告

（1）委托估价方：××房地产开发公司（简称××公司）

（2）估价对象：××公司开发建设的××写字楼全部房地产

（3）估价目的：××公司整体转让××写字楼的客观市场价格

（4）估价日期：2006年6月1日至15日

（5）估价时点：2006年8月1日

（6）估价人员：（略）

（7）估价依据：（略）

（8）估价对象概况

××写字楼坐落于××市南方区大华路16号，东临大华路。该用地原为危改小区用地，2004年5月1日××公司获立项批准，开始拆迁及进行其他前期工作，同年11月1日有偿获得土地使用权，一次性向政府缴纳了地价款，并开工。2006年8月1日将全面竣工。根据批准的规划和施工图，估价对象为带裙房的现浇框架13层波浪形板式中档商务办公楼，具体规划要求如下：

①占地面积：3 199m^2

②总建筑面积：14 300m^2

其中：地下1层2 240m^2，车位5个，设备间240m^2。

地上1层1 280m^2，其中餐饮娱乐等使用面积875m^2。

地上2层至12层10 790m^2，其中写字楼出租单元使用面积7 793m^2。

③总容积率4.47，地上容积率3.77。

④装修及设备（略）。

（9）采用估价方法。根据估价对象情况、房地产市场状况及对所掌握资料的分析，估价对象为新建房地产，可用成本法估价，且当地市场同类写字楼出租多、出售少，故还可采用收益法估价，然后确定最终估价值。

（10）估价过程：

①采用成本法估价是以各项现时社会水平的开发建造费用为基础加上正常利润，来确定估价对象房地产的价格。计算如下：

a. 向政府缴纳取得土地费用：723万元。

b. 拆迁安置补偿费：委托方发生总费用1 280万元。

c. 建安工程费（含附属室外工程）：2 570×14 300=3 675（万元）

d. 勘察设计等专业费：3 675×6.5%=239（万元）

e. 管理费及其他费用：3 675×7.5%=276（万元）

f. 借款利息：根据近三年当地固定资产贷款平均年利率12.6%计算年利率。取得土地的

① 本案例选自郭斌：《房地产估价理论与实务》，化学工业出版社2008年版，第142—143页。

费用按开发全过程计算利息，其他按建设期均匀投入计算利息。

723×12.6%×1.67+（1 280+3 675+239+276）×12.6%×2.25/2

=151.8+775.4

=927（万元）

g. 开发商利润：取当地房地产投资平均利润率25%

（723+1 280+3 675+239+276）×25%=6 193×25%=1 548（万元）

h. 销售费税：按售价计算销售费2%、手续费1%、营业税5.5%

（6 193+927+1 548）×（2%+1%+5.5%）=8 668×8.5%=737（万元）

i. 成本法估价结果：

（8 668+737）=9 405（万元）

采用成本法估价的结果为9 405万元。

②采用收益法估价：

a. 估计年总收益写字楼出租价格为每m^2建筑面积5元/日，餐饮娱乐用地出租价格为每m^2建筑面积7元/日，地下车位月租为800元/个。写字楼可出租的使用面积与建筑面积比为70%，餐饮娱乐部分为75%，空置及租金损失率为写字楼90%，餐饮娱乐95%，车位90%。则：

写字楼年收益：

5+70%×90%×10 780×365=69 300×365=2 529.45（万元）

餐饮娱乐年收益：

7+75%×95%×875×365=7 758.3×365=283.18（万元）

车位年收益：

800×5×90%×12=4.32（万元）

年总收益：

（2 529.45+283.18+4.32）=2 816.95（万元）

b. 年总成本费用及税金

营业税及附加：

2 816.95×5%=141（万元）

成本及经营管理费：

水电气暖使用费、管理费、维修费、保险费、房产税、土地使用税合计为租金收入的28%，则：

2 816.95×28%=789（万元）

c. 估计年净收益

2 816.95－141－789=1 887（万元）

d. 确定报酬率

当地调查，银行一年期固定资产贷款年利率12.24%，2001年物价上涨率15%，2001年房地产开发平均投资收益率14.2%，平均13.8%。确定报酬率为13.8%。

e. 计算收益价格

$V=a[(1+r)^n-1]/[r(1+r)^n]=1\,887\times[(1+13.89)^{48.25}-1]/[13.8\%(1+13.8\%)^{48.25}]$

V = 13 647.18（万元）

采用收益法的估价结果为 13 647.18 万元。

③最终估价值：

9 405 × 0.4 + 13 647.18 × 0.6 = 11 950.3（万元）

（11）估价结论。经过评估，× ×公司所属的× ×写字楼在2006 年 8 月 1 日的客观市场价格为 9 985 万元（大写金额：人民币九千九百八十五万元整），折合每平方米建筑面积 6 983元。

（12）说明事项（略）

（13）有关附件（略）

估价人员签字：（略）

审核人员签字：（略）

2006 年 6 月 15 日

课后训练

1. 尝试根据本教材项目五的资料，撰写估价报告，并形成规范格式。

第二部分　房地产经纪业务

项目七　新建商品房经纪业务

学习目标

- 能够进行新建商品房销(预) 售的相关准备工作
- 能够进行新建商品房销（预）售工作

本项目包含两个子项目：新建商品房销（预）售前的准备、新建商品房销（预）售业务

子项目一　新建商品房销（预）售前的准备

引导案例

小陆是北京皓天房地产经纪公司的一名具有房地产经纪人资格证书的房地产经纪机构从业人员。皓天房地产经纪公司于 2008 年 1 月 20 日接受北京上地房地产开发有限公司的委托，代理销售位于北京市海淀区上地南路的商品住宅项目“颐清家园”。

知识链接

新建商品房销（预）售代理是我国目前房地产代理活动的主要形式，有两类：即商品房现售和商品房预售。在进行新建商品房销售前，应该准备好销售资料，包括宣传资料、销售文件、须知文件和合约文件，除此之外，还应做好销售人员的准备以及销售现场的准备等工作。

【关键术语】

一、新建商品房销售代理

代理是指经纪机构在受托权限内，以委托人名义与第三方进行交易，并由委托人直接承担相应法律责任的商业行为。经纪活动中的代理，属于一种狭义的商业代理活动。其特点是经纪机构与委托人之间有相对长期的稳定合作关系，经纪人员只能以委托人的名义开展活动，活动中产生的权利和责任由委托人承担，经纪人员只收取委托人的佣金。

商品房销（预）售代理主要有独家代理、共同代理、参与代理三种形式。独家代理是指房地产开发企业或房屋所有权人、土地使用权人将房屋的出售（租）权单独委托给一家房地产经纪机构代理。共同代理是指房地产开发企业或房屋所有权人、土地使用权人将房屋出售（租）权同时委托给数家房地产经纪机构，按谁先代理成功，谁享有佣金；谁代理成功量多，谁多得收益的一种代理方式。参与代理是指房地产经纪人参与已授权独家或共同代理的房地产经纪机构的代理业务，代理成功后，由独家代理公司或共同代理人按参与代理协议分配佣金的行为。

二、商品房现售和商品房预售

商品房预售是指将开发商已投入了一定资金进行开发建设，但尚未建成的住宅、商业用房和其他建筑物预先出售的行为。商品房现售是指将开发商已经竣工的住宅、商业用房和其他建筑物出售的行为。

三、商品房销售宣传资料

商品房销售的宣传资料是将项目的定位、产品、建筑风格、开发单位、设计单位、建筑单位等信息，以画面、文字、图示的方式传递给客户，以增加客户的感知。销售的宣传资料一般有项目楼书、户型手册、折页、置业锦囊、宣传单张、影像资料、宣传片和网站等形式。其中最重要的是项目楼书和户型手册。

任务描述 1－1

模拟新建商品房销售资料的准备。

解决方案

步骤一：明确新建商品房的基本情况。

颐清家园开发商价格目标：均价 13 600 元/m^2

位置：海淀区清河小营西路北侧

物业类型：普通住宅

开发商的目标客户群：城市白领、中产阶级、投资客；月收入 6 000 元以上；存款 30 万元以上；有车族、地铁族；二人世界、三口之家

建筑形式：板楼

环线位置：北五环至北六环

开盘时间：2007 年 8 月 3 日

入住时间：2008 年 6 月

物业公司：待定

物业费：暂定 1.80 元/m^2/月

供暖方式：集中供暖

采暖费：待定

装修：毛坯

车位费：地上 150 元/月

饮用水：市政供水

容积率：1.40

销售许可：京房售证字（2007）260号

付款方式：一次性、按揭

交通状况：交通非常便利

步骤二：进行销售资料的准备。

销售资料包括如下内容：

1. 宣传资料

宣传资料包括项目楼书（项目楼书包括形象楼书和功能楼书。形象楼书是介绍楼盘定位及形象的书面资料。功能楼书是对房地产项目具体建筑指标等各方面较为详细的说明，可理解为“产品说明书”）、户型手册、宣传展板、销售导示牌、折页、宣传单张等。

具体略。

2. 销售文件

销售文件包括价目表、销控表和置业计划（见附1）等。

附1：

置业计划

推荐方案一：

房号：________栋________单元____层________单位

户型：____________________面积：________________

标准价：________________定金：__________________

（1）一次性付款________折，折后总价：________________

（2）按揭付款：

首付______成，______折，折后总价：________________

首期______%，人民币：____________

贷款______%，人民币：____________

______年月供：____________

______年月供：____________

推荐方案二：

房号：________栋________单元____层________单位

户型：____________________面积：________________

标准价：________________定金：__________________

（1）一次性付款________折，折后总价：________________

（2）按揭付款：

首付______成，______折，折后总价：________________

首期______%，人民币：____________

贷款______%，人民币：____________

______年月供：____________

______年月供：____________

备注：

（1）以上价格及款项不含税费；

（2）以上资料仅供当日参考，最终以有效法律条文为准；

(3) 价格如有变动，以售楼处当日公布价格为准；

(4) 开发企业保留最终解释权，如有疑问，请与我们联系。

置业顾问：____________；联系电话：____________。

3. 须知文件

须知文件包括购楼须知（参见×××花园认楼须知）、购房相关税费须知和按揭须知等（见附2）。

附2：

（一）×××花园认购须知

尊敬的______先生/女士：

您购买的×××花园______栋______座______单元，建筑面积/套内面积____/____ m^2，总价为人民币______元，折后总价为人民币______元。

根据您的要求，选择：

1. 一次性付款

首期楼款人民币______元，须于______年____月____日前付清并签署买卖合同；

剩余楼款人民币______元，须于______年____月____日前付清。

2. 银行按揭

首期楼款人民币______元，须于______年____月____日前付清；

并签署买卖合同，同时，应与银行签署按揭合同及办妥相关抵押贷款手续。

在您办理购房手续之前，我们郑重提醒您：

(1) 在签署认购书前，请慎重选择购房的付款方式，根据房地产管理部门规定，认购书一旦签订，就不能更改；

(2) 在签署认购书前，请慎重选择并确定业主姓名及所选房号，根据房地产管理部门规定，认购书一旦签订，就不能进行增名、减名和改名，房号也不得变更；

(3) 在签署认购书前，请确认您的联系地址和联系方式，我们在有关事项的通知和资料派送时将以您在本认购须知上的联系地址和联系方式为准。

联系电话：____________________；

联系地址：______________________________。

您确认已经阅读并了解×××花园销售现场所公示的以下文件，且对约定内容并无异议：《房地产证》、《建设用地规划许可证》、《建设工程规划许可证》、《施工许可证》、《房地产预售许可证》、主管部门批准的总平面图、立面图、楼层平面图、分户平面图及房屋面积测绘报告、正式的房地产买卖合同及其补充协议、《购房须知》、《前期物业管理服务合同》和《业主临时公约》。

（二）购房相关税费须知

购房相关税费一般包括以下几方面：购房契税、印花税、《房地产证》印花税、抵押登记费、房地产交易费，以及其他当地政府要求缴纳的相关税费。由于各税费的标准也因地区而异，详细情况需要向当地政府机关咨询（请参考项目八中的北京市相关规定）。

（三）按揭须知

按揭须知应由项目的按揭银行提供，一般包括办理按揭的手续和程序介绍、办理按揭的条件和需要提供的资料说明、按揭贷款的方式介绍、按揭贷款的注意事项等。

（四）合约文件

合约文件包括《房地产认购协议书》（参见北京市商品房认购书）、《商品房买卖合同》（参见北京市现房买卖合同示范文本和北京市预售商品房购买合同示范文本，本项目子项目二）、公示文件等。其中公示文件包括：新建商品房进入市场销售需要取得以下文件，并按要求将这些相关文件在项目销售处进行公示：

（1）房地产开发企业应具有企业法人营业执照和房地产开发企业资质证书；

（2）取得土地使用权证书或者土地的批准文件；

（3）持有建设规划许可证和施工许可证；

（4）现售的需取得销售许可证；

（5）预售的需取得预售许可证；

（6）拆迁地需有已落实拆迁安置的文件；

（7）供水、供电、供热、燃气、通信等配套基础设备的相关文件；

（8）其他配套设施和公共设施具备交付使用条件或者施工进度和交付日期的证明文件；

（9）《房地产买卖合同》、《房地产认购协议》、《购楼须知》、《购房相关税费须知》、《临时业主公约》、《前期物业管理服务合同》、《查丈报告》、主管部门批准的总平面图、立面图、楼层平面图、分户平面图等相关告知文件；

（10）经开发企业盖章及物价局备案的价格信息及国土局联网的销售信息。

【提示】

在房地产经纪公司接受委托之前，应该审查委托出售的房屋是否符合交易或转让的条件。原建设部发布的《关于进一步整顿规范房地产交易秩序的通知》（建住房［2006］166号）要求：房地产开发企业取得预售许可证后，应当在10日内开始销售商品房。未取得商品房预售许可证的项目，房地产开发企业不得非法预售商品房，也不得以认购（包括认订、登记、选号等）、收取预定款性质费用等各种形式变相预售商品房。

对房地产开发企业未取得预售许可证而非法预售或变相预售的，房地产管理部门将依照《城市房地产管理法》、《城市房地产开发经营管理条例》以及《城市商品房预售管理办法》等法律法规进行查处，责令限期整改，对拒不整改的，将从严查处，直至取消开发企业资质。

此外，宣传资料不一定每一种形式都具备，一般根据项目情况来选择某一种或多种组合使用。

任务描述 1－2

销售人员的准备。

解决方案

步骤一：明确新建商品房的基本情况（略）。

步骤二：明确销售人员的数量和素质。

步骤三：明确销售人员的培训内容。

销售人员的培训内容包括：

1. 公司背景和目标

（1）公司背景、公众形象、公司目标（项目推广目标及公司发展目标）。

（2）销售人员的行为准则、内部分工、工作流程、个人收入目标。

2. 物业详情

（1）项目规模、定位、设施、买卖条件。

（2）物业周边环境、公共设施、交通条件。

（3）该区域的城市发展计划，宏观及微观经济因素对物业的影响情况。

（4）项目特征：

项目规划设计内容，如景观、立面、建筑组团、容积率等；

平面设计内容，包括总户数、总建筑面积、总单元数、单套面积、户内面积组合以及户型优缺点、进深、面宽、层高等；

项目优势劣势分析及对策；

竞争对手优势劣势分析及对策。

3. 销售技巧

售楼过程中的洽谈技巧，包括如何用提问了解客户需求及购买心理。如通过了解客户的需求、经济状况、期望等来掌握买家的心理；恰当使用电话；运用好推销技巧、语言技巧、身体语言技巧等。

4. 签订买卖合同的程序

（1）售楼处签约程序。

（2）办理按揭及计算。

（3）入住程序及费用。

（4）合同说明及其他法律文件。

（5）所需填写的各类表格。

5. 物业管理

（1）物业管理服务内容、收费标准。

（2）管理规则。

（3）公共契约。

6. 其他内容

包括房地产营销人员的礼仪、建筑学基本常识和财务相关制度等。

步骤四：进行销售人员的培训（略）。

步骤五：销售人员上岗考核。

考核内容主要针对培训内容而设。

【提示】

一般来说，根据项目的销售阶段、项目销售量、销售目标、广告投放等因素去定销售人员的数量，然后根据销售情况进行动态调整。

同时，在选择销售人员时，应根据不同的房地产项目选择熟悉该地区、目标客户、该房地产物业类型的销售人员，并应注重其基本素质和沟通能力。

任务描述 1－3

销售现场的准备。

解决方案

步骤一：明确售楼中心和样板间设计的原则（略）。

步骤二：进行售楼中心的设计。

售楼中心是向客户介绍和展示楼盘形象的场所，同时又是客户作出购买决定并办理相关手续的场所，其地点的选择和装修设计风格都要精心安排。

1. 售楼中心位置的选择

（1）最好迎着主干道（或主要人流）方向。（2）设在人车都能方便到达，且有一定数量停车位的位置。（3）设在能方便到达样板房的位置。（4）设在与施工场地容易隔离、现场安全性较高的位置。（5）设在环境和视线较好的位置。

2. 售楼中心的布置

（1）功能分区要明确，一般设有门前广场、停车场、接待区、洽谈区、展示区、办公区、客户休息室、卫生间、储藏室和更衣室等。

（2）进入销售中心前要有明确的导示，如彩旗、指示牌灯等；入口广场上要有渲染气氛的彩旗、花篮、气球和绿化等，在空间允许情况下，还可以布置水体、假山石、花架、休闲桌椅、小饰品和绿植。

（3）销售中心的内外空间要尽可能通透。

（4）接待区要布置在方便业务员看到来往客户的位置；在接待区要通过背景板营造视觉焦点，背景板可以展示楼盘的情况介绍、名称，也可以用图片展示一种氛围。

（5）室内灯光明亮，重点的地方要有灯光配合作为强调，如展板、灯箱、背景板等。

（6）洽谈桌的宽或直径一般为80cm。

（7）接待台的尺寸一般长不小于3m，宽为65—75cm、高度在68—75cm之间。

（8）要配合楼盘性质营造氛围，如普通住宅的温馨、高档住宅的高贵豪华、写字楼的庄重等。

（9）主卖点要有明确的展示，如展板、图片及实体等，展示区要与洽谈区相邻或融为一体。

（10）内部空间要尽可能通透，其净高度一般不得低于3.6m，如果整体空间的尺度较小，或有特殊要求时，高度可另外考虑。

步骤三：进行看楼通道设计。

看楼通道是连接售楼处和样板房（或现场实景单位）之间的交通通道。看楼通道应注意以下几点：（1）看楼通道的选择以保证线路尽可能短和安全通畅为原则。（2）要保证通道的采光或照明充足。（3）最好要有利于施工组织，尽可能不要形成地盘分割。（4）对于有转折的地方或不符合人的行为功能的地方应有提示，如高低不平、顶梁过低等地方。（5）在通道较长的条件下，景观要丰富而不单调。

步骤四：进行样板间的设计。

样板房的制作主要是让客户对所要购买的物业有一个直观的感觉和印象。样板房装修布置应表现真实，同时在具体选择和装修上要注意以下问题：

1. 样板房选择应注意问题：

（1）选择主力户型、主推户型。（2）设在朝向、视野和环境较好的位置。（3）设在可方便由售楼处达到的位置。（4）多层楼花尽可能设在一楼或低楼层。（5）高层现楼一般设在较高楼层。（6）高层楼花一般布置在4—6层；如果小区环境已做好，或周边景观好，也可以利用临时电梯作垂直交通工具，布置在尽可能高的楼层。

2. 样板房装修应注意问题：

（1）装修应充分展示户型空间的优势。（2）要有统一的标识系统（如门前户型说明、所送家具电器的标识）。(3) 针对空间的使用要对客户进行引导（特别是难点户型和大面积户型）。(4) 装修风格和档次要符合项目定位和目标客户定位。(5) 色彩明快温馨。(6) 家具的整体风格要协调一致，不可零乱。(7) 做工要精细。(8) 光线要充足。(9) 对于周边有安全网的样板房，其窗、阳台与围护板间保留约30cm的间隔，用以绿化。(10) 样板房门前要设置鞋架或发放鞋套，最好可以让客户直接进入；在样板房入口的上两层阳台等处应设挡板，以防施工掉落物，以免给客户造成不够安全的印象。

步骤五：形象墙、围墙设计。

第一，形象墙、围墙一般主要是设在分隔施工场地，保证客户看楼的安全和视线的整洁的地方；一般可用普通的砖墙，也可以用围护板。

第二，在客户视线可及的地方，墙上要进行美化和装饰；可以上裱喷绘，也可用色彩直接上绘。

第三，墙上的内容可以仅仅是楼盘的情况介绍和售楼电话，也可以根据其墙所在的位置通过组合灯箱、广告牌来昭示和展示楼盘的形象和卖点。

第四，墙饰的风格和色彩应与整体推广相统一，具有可识别性。

步骤六：广告牌、灯箱、导示牌、彩旗的设计与布置。

当项目位置处于非主干道，或是销售中心位置不便发现时，广告牌、灯箱、导示牌、彩旗的作用就十分明显。一方面它们可以将项目的重要信息（如位置、咨询电话等）在更广阔的地域向外发布，更重要的是它们可以将客户从主干道或是其熟悉的地方引导至项目现场，同时又对项目现场气氛起到一种烘托作用。

【提示】

在这些内容的设计上，应该统一风格。此外，要根据项目需求选择项目，不是所有的项目都要进行设计和准备。

子项目二　新建商品房销（预）售业务

知识链接

新建商品房销（预）售业务主要是在销售现场接待购房者看房，客户营销，签订商品房买卖合同，并配合实施广告、公关活动等市场推广工作。这一业务所持续时间通常很长。在后期还要完成商品房交验（俗称“交房”）的工作。

任务描述 2 -1

接待客户来访以及客户营销。

解决方案

步骤一：热情迎接、自我介绍、了解称呼。

步骤二：对客户进行项目总体规划及项目基本情况等总体介绍，了解客户需求。

步骤三：结合销售资料和客户需求，细致介绍产品。

步骤四：带客户参观样板间，并再次介绍项目的优势。

步骤五：返回售楼处，记录客户资料，送客。

客户资料的记录不用太详细，但是重点要明确，下面是一个客户登记表，供大家参考（见附1）。

附1：　　　　　　××楼盘客户登记表

编号：________看楼时间：________年______月______日

客户姓名：____________________联系电话：____________

联系地址：________________________________

购买意向：_____栋____座____房，建筑面积：______ m^2，价格：______

看楼记录：____

客户要求：____

成交情况：A. 成交　B. 很有希望　C. 有希望　D. 一般　E. 希望渺茫、未成交原因。

步骤六：进行客户营销。

可以采用电话营销、现场营销以及交易后的客户关系维护等方式。

【提示】

步骤一到二可在售楼处模型及售楼处区域图前完成，步骤三要给客户一个舒适的环境，一般在售楼处洽谈区完成。首次来访的客户很少有交定金或成交的，所以不要急于成交。

客户接待时的注意事项如下：

1. 自我介绍

简洁、明快、诙谐地介绍可以让人印象深刻。

2. 规划介绍

注意思路清晰明了，包括产品的位置、规划设计亮点、定位及项目大概入市时间，并事先议出统一解说词。

3. 项目介绍

着重朝向、户型分布状况、配套设施、基本情况数据（电梯配比如何、几梯几户、容积率、绿化率、楼间距等），再根据客户需求指出客户所需户型在模型上体现的位置和特点。

4. 参观样板房

制定规范的讲解词，在参观途中做到一步一景一说明，穿插开发企业独特用心打造的亮点，加深客户对产品的认可。

5. 返回售楼处

参观途中多让客户谈谈其对所关注户型的感受，同时多了解客户的基本情况（目前居住片区、户型、职业、项目的认知途径等），以做合适的推荐。

6. 送客

根据客户需求做好记录，留下电话号码，陪同客户离开售楼处，且目送客户离去。

接待完客户后，要进行及时的客户营销工作，客户营销工作是销售人员的重要工作内容之一，所以应重点训练。

【关键术语】：定金

定金指合同当事人为保证合同履行，由一方当事人预先向对方交纳一定数额的钱款。定金作为法定的形式，法律有其具体的要求：（1）形式要件，必须以书面的形式约定；（2）数额的限定，定金的总额不得超过合同标的额的20%；此外在选择赔偿时只能在定金和违约金中选其一。与之经常容易混淆的一个概念是定金。定金不是一个规范的概念，在法律上仅作为一种预付款的性质，是预付款的一部分，是当事人的一种支付手段，不具有担保性质。合同履行的只作为抵充房款，不履行的也只能如数返还。《最高人民法院关于适用〈中华人民共和国担保法〉若干问题的解释》第一百一十八条规定："当事人交付留置金、担保金、保证金、订约金、押金或者订金等，但没有约定定金性质的，当事人主张定金权利的，人民法院不予支持。"由此可见，当事人在合同中写明"订金"而没有约定定金性质的，则不能适用定金罚则。有的楼盘也让客户交诚意金。诚意金，即意向金，是十几年前从港台地区传过来的叫法。这在中介方与买房和卖房双方签订的合同中多有体现，其实法律上并没有诚意金之说，中介方与买卖双方之所以签订诚意金条款，主要是由于我们交易市场的诚实信用体系还不健全，交易主体为了各自的利益往往会违背诚实信用的原则，从而损害一方的利益。中介公司有时为了自己的利益，不管交易成功与否，便以买方或卖方没有诚意或违约为名没收诚意金，其实这种做法有悖于法律。

任务描述 2－2

认购、收定。

解决方案

步骤一：利用销控对答告诉现场经理。

步骤二：与认购人就可销（预）售的房屋协商，拟定商品房认购书或定单的相关条款；以下是北京市某项目的认购书，可供参照（见附 1）。

附 1：

BF——2005——0117　　　　　　　　　　　　合同编号：

北京市商品房认购书

出卖人：____________________

买受人：____________________

北京市建设委员会

北京市工商行政管理局

北京市商品房认购书

本认购书不是签订商品房买卖合同的必经程序，双方经协商一致，可以直接签订商品房买卖合同。认购人以交付预付款性质费用的方式认购商品房的，不适用本认购书。

出卖人：____________________

通讯地址：____________________

邮政编码：____________________

营业执照注册号：____________________

企业资质证书号：____________________

法定代表人：____________________联系电话：____________________

委托代理人：____________________联系电话：____________________

委托销售代理机构：____________________

通讯地址：______

邮政编码：______

营业执照注册号：______

认购人：______

【法定代表人】【负责人】：______国籍：______

【身份证】【护照】【营业执照注册号】【　】：______

出生日期：______年____月____日，性别：______

通讯地址：______

邮政编码：______联系电话：______

【法定代理人】【委托代理人】：______国籍：______

【身份证】【护照】【　】：______

出生日期：______年____月____日，性别：______

通讯地址：______

邮政编码：______联系电话：______

第一条　基本情况

（一）认购人所认购的商品房（以下简称“该商品房”）为出卖人所开发的位于北京市______区______项目中的第______【幢】______【座】______【单元】______【层】______号房，朝向为：______。

（二）该商品房的用途为：______，建筑面积共______ m^2，其中，套内建筑面积______ m^2，共用部位与共用房屋分摊建筑面积______ m^2。

第二条　销售依据

（一）该商品房为预售商品房的，预售商品房批准机关为：______，预售许可证号为：______。

（二）该商品房为现房的，房屋所有权证号为：______，国有土地使用证号为：______。

第三条　价款与付款方式

（一）该商品房按照【套内建筑面积】计价，单价为______元/m^2，总房价款为______元人民币（大写）。

该商品房按照【建筑面积】计价，单价为______元/m^2，总房价款为______元人民币（大写）。

该商品房按照【套】计价，总房价款为______元人民币（大写）。

（二）出卖人同意认购人按照下列第______种方式付款：

1. 一次性付款。

2. 分期付款。

3. 贷款方式付款。

4. 其他方式。

认购人选择第3种方式付款，认购人可以首期支付购房总价款的______%，其余价款可以向______银行或住房公积金管理机构借款支付。

第四条　认购定金

（一）认购人应当自签订本认购书之日起____日内，向出卖人支付认购定金____________元人民币（大写）；出卖人在收取定金后，应当向认购人开具收款凭证，并注明收款时间。认购人逾期未支付认购定金的，出卖人有权解除本认购书，并有权将该商品房另行出卖给第三方。

（二）认购人同意在支付定金之日起____日内，与出卖人协商商品房买卖合同的相关条款（本款约定的期限为协商签约的起始时限，而非终止时限）。

第五条　认购人未在第四条第二款约定的期限内与出卖人协商商品房买卖合同相关条款的，出卖人有权解除本认购书。出卖人解除本认购书的，认购人已支付的定金不予退还，出卖人有权将该商品房另行出卖给第三方。

第六条　认购人在第四条第二款约定的期限内与出卖人协商商品房买卖合同的相关条款，但双方未达成一致意见，自第四条第二款约定的期限届满之次日起超过____日的，本认购书自动解除；双方也可以协商解除本认购书。出卖人应当在本认购书解除之日起____日内将已收取的定金退还认购人。

第七条　出卖人在认购人支付认购定金之日起至本认购书解除之日止，将该商品房另行出卖给第三方的，出卖人应当向认购人双倍返还定金。

第八条　该商品房的买受人为【本人】【同一户籍内亲属】【　】：__________。

（若选择其他的，应在空格部位写出买受人姓名）

第九条　其他约定

____。

第十条　本认购书经双方签字盖章后生效，双方签订的商品房买卖合同生效后本认购书自行终止。本认购书终止后，认购定金应当返还认购人【抵作商品房价款】。

第十一条　本认购书未尽事项，可签订补充协议。

第十二条　本认购书一式两份，双方各执一份，两份具有同等法律效力。

出卖人（签章）：	认购人（签章）：
【法定代表人】：	【法定代表人】：
【委托代理人】（签章）：	【负责人】：
【委托销售代理机构】（签章）：	【委托代理人】（签章）：
签订时间：______年____月____日	签订时间：______年____月____日
签订地点：	签订地点：

步骤三：经双方当事人确认后，经过管理系统在线填写商品房认购书的内容，网上提交后，系统自动生成认购书编号。

步骤四：网上打印商品房认购书，同时联机备案。

步骤五：收取定金，请客户、经办销售人员、现场经理三方签名确认。

步骤六：将定单第一联（定户联）交客户收执，告诉客户于定金补足或签约时将客户联带来。

步骤七：确定定金补足日或签约日，详细告诉客户各种注意事项和所需带齐的各类证件。

步骤八：再次恭喜客户，送客户至大门外或电梯间。

【提示】

认购书一般都有公司模式，但也应就模式的条款与购买人进行协商，购买人可以提出异议。

在这个过程中，经纪人员应详尽解释认购书填写的各项条款和内容，包括：总价款栏内填写房屋销售的表价；定金栏内填写实收金额，若所收的定金为票据时，填写票据的详细资料；若是小定金，与客户约定大定金的补足日期及应补金额，填写于定单上；与客户约定签约的日期及签约金额，填写于认购书上；折扣金额及付款方式，或其他附加条件于空白处注明；其他内容依认购书的格式如实填写。

楼盘售楼客户下定单时应注意：（1）正式定单的格式一般为一式四联；定户联、公司联、工地联、财会联。（2）当客户决定购买但未带足现金时收取小定，小定金额不在于多，三四百元至几千元均可，保留日期一般为三天。（3）定金下限为1万元，上限为房屋总价款的20%，定金保留日期一般以七天为限。

一般来说，认购书签订备案后，管理系统会及时标明该单元（套）商品房已预订，若超过认购书约定的时间，认购人与开发商之间未签订商品房预购合同的，该套房屋的公示信息恢复显示该套（单元）商品房未签订未预订且未销售。

在劝说客户认购的过程中，销售人员应清楚关于商品房抵押贷款和交易税费以及其他款项支出的相关规定，应会计算按揭抵押贷款各种情况下的还款额，帮助客户做出正确的决定。

一般来说，商品房付款方式包括一次性付款、分期付款和按揭付款。按揭贷款的还款方式有等额本息还款法和等额本金还款法。目前，不同的银行或者同一银行也有不同的按揭贷款产品，销售人员应能够向客户进行介绍和解释。

任务描述2－3

签约、物业交付。

解决方案

步骤一：与购房人就可销（预）售的房屋协商拟定商品房销（预）售合同的相关条款；商品房买卖合同可参照《北京市商品房现房买卖合同》（见附1）和《北京市商品房预售合同》（见附2）。

附1：

BF——2005——0120　　　　　　　　　　合同编号：

北京市商品房现房买卖合同

出卖人：____________________

买受人：____________________

北京市建设委员会

北京市工商行政管理局

二〇〇七年十二月修订

说　　明

1. 本合同文本为示范文本，由北京市建设委员会和北京市工商行政管理局共同制定，适用于商品房现房买卖。商品房现房是指由建设单位建设，已完成房屋所有权初始登记，取得国有土地使用证和房屋所有权证，尚未进行销售的商品房（含经济适用住房）。

2. 签订本合同前，出卖人应当向买受人出示国有土地使用证和房屋所有权证及其他有关证书和证明文件。

3. 当事人应当按照自愿、公平及诚实信用的原则订立合同，任何一方不得将自己的意志强加给另一方。为体现双方自愿的原则，本合同文本相关条款后留有空白行，供双方自行约定或补充约定。合同生效后，未被修改的文本打印文字视为双方当事人同意内容。

4. 签订本合同前，买受人应当仔细阅读合同条款，特别是其中具有选择性、补充性、填充性、修改性的内容。

5. 本合同文本【 】中选择内容、空格部位填写及其他需要删除或添加的内容，双方当事人应当协商确定。【 】中选择内容，以划“√”方式选定；对于实际情况未发生或双方当事人不作约定时，应当在空格部位打“×”，以示删除。

6. 双方当事人在履行合同中发生争议的，可以选择向不动产所在地人民法院起诉，也可以选择向仲裁委员会申请仲裁。如选择申请仲裁的，可以向北京仲裁委员会、中国国际经济贸易仲裁委员会、外地的仲裁委员会申请。

7. 双方当事人可以根据实际情况决定本合同原件的份数，并在签订合同时认真核对，以确保各份合同内容一致；在任何情况下，买受人都应当至少持有一份合同原件。

北京市商品房现房买卖合同

出卖人：____

通讯地址：____

邮政编码：____

营业执照注册号：________________________________

企业资质证书号：________________________________

法定代表人：________________联系电话：____________

委托代理人：________________联系电话：____________

委托销售代理机构：______________________________

通讯地址：____

邮政编码：____

营业执照注册号：________________________________

买受人：____

【法定代表人】【负责人】：______________国籍：__________

【身份证】【护照】【营业执照注册号】【 】：________________

出生日期：_____年____月____日，性别：________________

通讯地址：____

邮政编码：________________联系电话：________________

【法定代理人】【委托代理人】：____________国籍：__________

【身份证】【护照】【 】：______________________________

出生日期：_____年____月____日，性别：________________

通讯地址：____

邮政编码：________________联系电话：________________

根据《中华人民共和国合同法》《中华人民共和国城市房地产管理法》《北京市城市房地产转让管理办法》及其他有关法律、法规的规定，出卖人和买受人在平等、自愿、公平、协商一致的基础上就商品房现房买卖事宜达成如下协议：

第一条　项目建设依据

出卖人以【出让】【转让】【划拨】方式取得坐落（国有土地使用证的坐落）于________地块的国有土地使用权。该地块【国有土地使用证号】为：__________，土地使用权面积为：__________，买受人购买的商品房（以下简称该商品房）所在土地用途为：__________，土地使用年限自______年____月____日起至______年____月____日止。

在上述地块上建设的商品房【地名核准名称】【推广名】为：__________，该商品房建设工程规划许可证号为：__________，现已通过规划验收并完成了竣工验收。

第二条　销售依据

买受人购买的商品房现已取得房屋所有权证，证号为：__________________，

填发单位为：__________________________。

第三条　基本情况

经公安行政管理部门核准，该商品房地址为：__________________。该商品房为第一条规定项目中的__________【幢】【座】第__________层__________单元__________号。

该商品房所在楼栋的主体建筑结构为：__________________，建筑层数为：__________层，其中地上__________层，地下__________层。

该商品房的用途为【住宅】【经济适用住房】【公寓】【别墅】【办公】【商业】【】：__________；【层高】【净高】为：____________米，【坡屋顶净高】最低为：__________米，最高为：__________米。该商品房朝向为：__________；有______个阳台，其中________个阳台为封闭式，________个阳台为非封闭式。

出卖人委托实测该商品房面积的房产测绘机构是__________，其实测建筑面积共__________平方米，其中，套内建筑面积__________平方米，共用部位与共用房屋分摊建筑面积__________平方米。

该商品房平面图及在整个楼栋中的位置图见附件一，有关共用部位与共用房屋分摊建筑面积构成说明见附件二。

本条所称层高是指上下两层楼面或楼面与地面之间的垂直距离，净高是指楼面或地面至上部楼板底面或吊顶底面之间的垂直距离。

第四条　抵押情况

该商品房的抵押情况为：__________。

1. 该商品房未设定抵押。

2. 该商品房已设定抵押，抵押权人为：__________，抵押登记部门为：__________，抵押登记日期为：__________。

关于抵押的相关约定见附件三。

第五条　租赁情况

该商品房的租赁情况为：__________。

1. 出卖人未将该商品房出租。

2. 出卖人已将该商品房出租，【买受人为该商品房承租人】【承租人已放弃优先购买

权】。

____。

第六条 计价方式与价款

出卖人与买受人约定按照下列第__________种方式计算该商品房价款。

1. 按照套内建筑面积计算，该商品房单价每平方米_______（币）_______元，总价款_______（币）_____佰_____拾_____亿_______仟_____佰_____拾_____万_____仟_____佰_____拾_____元整（大写）。

2. 按照建筑面积计算，该商品房单价为每平方米_______（币）_____元，总价款_______（币）_____佰_____拾_____亿_______仟_____佰_____拾_____万_____仟_____佰_____拾_____元整（大写）。

3. 按照套（单元）计算，该商品房总价款为_______（币）_____佰_____拾_____亿_______仟_____佰_____拾_____万_____仟_____佰_____拾_____元整（大写）。

4. 按照__________计算，该商品房总价款为_______（币）_____佰_____拾_____亿_______仟_____佰_____拾_____万_____仟_____佰_____拾_____元整（大写）。

具体约定见附件四。

本条所称建筑面积，是指房屋外墙（柱）勒脚以上各层的外围水平投影面积，包括阳台、挑廊、地下室、室外楼梯等，且具备有上盖，结构牢固，层高2.20米以上（含2.20米）的永久性建筑。

所称套内建筑面积，是指成套商品房（单元房）的套内使用面积、套内墙体面积和阳台建筑面积之和。

第七条 付款方式及期限

买受人采取下列第_____种方式付款。

1. 一次性付款。

2. 分期付款。

3. 贷款方式付款：【公积金贷款】【商业贷款】。买受人可以首期支付购房总价款的_____%，其余价款可以向【_________】【_________银行】借款支付。

4. 其他方式。

具体付款方式及期限的约定见附件五。

第八条 逾期付款责任

买受人未按照约定的时间付款的，按照下列第_______种方式处理。

1. 按照逾期时间，分别处理［（1）和（2）不作累加］。

（1）逾期在____日之内，自约定的应付款期限届满之次日起至实际支付应付款之日止，买受人按日计算向出卖人支付逾期应付款万分之_______的违约金，并于实际支付应付款之日起____日内向出卖人支付违约金，合同继续履行；

（2）逾期超过____日［该日期应当与第（1）项中的日期相同］后，出卖人有权解除合同。出卖人解除合同的，买受人应当自解除合同通知送达之日起____日内按照累计的逾期应付款的_______%向出卖人支付违约金，并由出卖人退还买受人全部已付款。买受人愿意继续履行合同的，经出卖人同意后，合同继续履行，自约定的应付款期限届满之次日起至实际支付应付款之日止，买受人按日计算向出卖人支付逾期应付款万分之________（该比率应当不小于第（1）项中的比率）的违约金，并于实际支付应付款之日起____日内向出卖人支付违约金。

本条所称逾期应付款是指依照第七条约定的到期应付款与该期实际已付款的差额；采取分期付款的，按照相应的分期应付款与该期的实际已付款的差额确定。

2. ____。

第九条　交付条件

（一）出卖人应当在______年____月____日前向买受人交付该商品房。

（二）该商品房交付时应当符合下列第1.、2. ________、________、________项所列条件。

1. 提供有资质的房产测绘机构完成的该商品房面积实测技术报告书。

2. 该商品房为住宅的，出卖人提供《住宅质量保证书》和《住宅使用说明书》。

3. 满足第十二条中出卖人承诺的市政基础设施和其他设施达到的条件。

4. 该商品房为住宅的，出卖人提供《住宅工程质量分户验收表》（2006年1月1日起进行住宅工程竣工验收的房屋适用）。

5. ____。

第十条　逾期交房责任

除不可抗力外，出卖人未按照第九条约定的期限和条件将该商品房交付买受人的，按照下列第________种方式处理。

1. 按照逾期时间，分别处理［（1）和（2）不作累加］。

（1）逾期在____日之内［该时限应当不小于第八条第1款第（1）项中的时限］，自第九条约定的交付期限届满之次日起至实际交付之日止，出卖人按日计算向买受人支付已交付房价款万分之________的违约金［该违约金比率应当不小于第八条第1款第（1）项中的比率］，并于该商品房实际交付之日起____日内向买受人支付违约金，合同继续履行；

（2）逾期超过____日［该日期应当与第（1）项中的日期相同］后，买受人有权退房。买受人退房的，出卖人应当自退房通知送达之日起____日内退还全部已付款，并按照买受人全部已付款的____%向买受人支付违约金。买受人要求继续履行合同的，合同继续履行，自第九条约定的交付期限届满之次日起至实际交付之日止，出卖人按日计算向买受人支付全部已付款万分之____［该比率应当不小于第（1）项中的比率］的违约金，并于该商品房实际交付之日起____日内向买受人支付违约金。

2. ____。

第十一条　交接手续

（一）该商品房达到第九条约定的交付条件后，出卖人应当在交付日的7日前，书面通知买受人办理交接手续的时间、地点以及应当携带的证件。双方进行验收交接时，出卖人应当出示第九条约定的证明文件，并满足第九条约定的其他条件。出卖人不出示证明文件或出示的证明文件不齐全，或未满足第九条约定其他条件的，买受人有权拒绝接收，由此产生的逾期交房责任由出卖人承担，并按照第十条处理。

（二）验收交接后，双方应当签署商品房交接单。由于买受人原因未能按期办理交接手续的，双方同意按照下列约定方式处理：

1. ____;

2. ____。

（三）双方同意按照下列第________种方式缴纳税费。

1. 出卖人不得将买受人交纳税费作为交接该商品房的条件。

____。

2. 买受人同意委托____________代交下列第______、______、______、______、______、______种税费，并在接收该商品房的同时将上述税费交给出卖人。

（1）专项维修资金；

（2）契税；

（3）第二十一条约定的物业服务费用；

（4）供暖费；

（5）____;

（6）____。

3. 买受人自行向相关单位缴纳下列第______、______、______、______、______、______种税费，并在接收该商品房的同时向出卖人出示缴纳税费的凭据。

（1）专项维修资金；

（2）契税；

（3）第二十一条约定的物业服务费用；

（4）供暖费；

（5）____;

（6）____。

第十二条　市政基础设施和其他设施的承诺

出卖人承诺与该商品房正常使用直接相关的市政基础设施和其他设施按照约定的日期达到下列条件：

1. 市政基础设施：

（1）上水、下水：______年____月____日达到________________;

（2）【市政双路供电】【过渡性供电】：______年____月____日达到________________;

（3）供暖：______年____月____日达到________________;

（4）燃气：______年____月____日达到________________;

（5）电话通信线：______年____月____日交付，敷设到户；

（6）有线电视线：______年____月____日交付，敷设到户；

（7）____;

（8）____。

如果在约定期限内未达到条件，双方同意按照下列方式处理：

（1）____;

（2）____。

2. 其他设施

（1）公共绿地：______年____月____日达到________________________;

（2）小区非市政道路：______年____月____日达到________________________;

(3) 公共停车场：______年____月____日达到______________________________；

(4) 幼儿园：______年____月____日达到______________________________；

(5) 学校______年____月____日达到______________________________；

(6) 会所：______年____月____日达到______________________________；

(7) 购物中心：______年____月____日达到______________________________；

(8) 体育设施：______年____月____日达到______________________________；

(9) ____；

(10) ____。

如果在约定期限内未达到条件，双方同意按照下列方式处理：

(1) ____；

(2) ____。

第十三条　商品房质量、装饰、设备标准的约定

(一) 出卖人承诺该商品房使用合格的建筑材料、构配件，该商品房质量符合国家和本市颁布的工程质量规范、标准和施工图设计文件的要求。

(二) 出卖人和买受人约定如下：

1. 该商品房室内空气质量经检测不符合国家标准的，自该商品房交付之日起____日内(该时限应当不低于60日)，买受人有权退房。买受人退房的，出卖人应当自退房通知送达之日起____日内退还买受人全部已付款，并按照__________利率付给利息，给买受人造成损失的由出卖人承担赔偿责任。因此而发生的检测费用由出卖人承担。

买受人不退房的或该商品房交付使用已超过______日的，买受人应当与出卖人另行签订补充协议。

____。

2. 交付该商品房时，该商品房已经由建设、勘察、设计、施工、工程监理等单位验收合格，出卖人应当与买受人共同查验收房，发现有其他问题的，双方同意按照第______种方式处理。

(1) 出卖人应当于____日内将已修复的该商品房交付。由此产生的逾期交房责任由出卖人承担，并按照第十条处理。

(2) 由出卖人按照国家和本市有关工程质量的规范和标准在商品房交付之日起______日内负责修复，并承担修复费用，给买受人造成的损失由出卖人承担赔偿责任。

(3) ____。

3. 出卖人交付的商品房的装饰、设备标准应当符合双方约定的标准。达不到约定标准的，买受人有权要求出卖人按照下列第______种方式处理。

(1) 出卖人赔偿双倍的装饰、设备差价。

(2) ____。

(3) ____。

具体装饰和设备标准的约定见附件六。

(三) 出卖人和买受人对工程质量问题发生争议的，任何一方均可以委托有资质的建设工程质量检测机构检测，双方均有协助并配合对方检测的义务。

____。

第十四条　居民建筑节能措施

该商品房为住宅的，应当符合国家有关建筑节能的规定和北京市规划委员会、北京市建设委员会联合发布的《居民建筑节能设计标准》的要求。未达到标准的，出卖人应当按照《居民建筑节能设计标准》的要求补做节能措施，并承担全部费用；因此给买受人造成损失的，出卖人应当承担赔偿责任。

____。

第十五条　住宅保修责任

（一）该商品房为住宅的，出卖人自该商品房交付之日起，按照《住宅质量保证书》承诺的内容承担相应的保修责任。《住宅质量保证书》承诺的保修范围和保修期限必须符合国家和北京市有关法律、法规的规定及相关标准、规程的要求。

该商品房为非住宅的，双方应当签订补充协议详细约定保修范围、保修期限和保修责任等内容。

（二）在该商品房保修范围和保修期限内发生质量问题，双方有退房约定的，按照约定处理；没有退房约定的，出卖人应当履行保修义务，买受人应当配合保修。非出卖人原因造成的损坏，出卖人不承担责任。

第十六条　建筑隔声情况

该商品房为住宅的，出卖人承诺该商品房建筑隔声情况符合《民用建筑隔声设计规范》（GBJ118—88）、《建筑外窗空气隔声性能分级及其检测方法》（GB8485—87）、《隔声门》（HCRJ019—98）标准，对该商品房所在地声环境状况的描述真实准确。商品房建筑设计文件所标注的建筑隔声情况和环境影响评价文件所表征的所在地声环境状况见附件八。

商品房建筑隔声情况未达到标准的，出卖人应当按照规划设计的要求补做建筑施工隔声措施，并承担全部费用；因此给买受人造成损失的，出卖人应当承担赔偿责任。

____。

第十七条　使用承诺和风险提示

1. 买受人使用该商品房期间，不得擅自改变该商品房的用途、建筑主体结构和承重结构。除本合同、补充协议及其附件另有约定者外，买受人在使用该商品房期间有权与其他权利人共同使用与该商品房有关的共用部位和设施，并按照共用部位与共用房屋分摊面积承担义务。

出卖人不得擅自改变与该商品房有关的共用部位和设施的使用性质。

2. 出卖人承诺商品住宅不分割拆零销售；不采取返本销售或者变相返本销售的方式销售商品房；不采取售后包租或者变相售后包租的方式销售未竣工商品房。

3. ____。

第十八条　权属转移登记

（一）出卖人保证该商品房没有产权纠纷，因出卖人原因造成该商品房不能办理产权登记或发生债权债务纠纷的，由出卖人承担相应责任。

____。

（二）商品房交付使用后，双方同意按照下列第______种方式处理。

1. 双方共同向权属登记机关申请办理房屋权属转移登记。

2. 买受人自行委托他人向权属登记机关申请办理房屋权属转移登记。

3. 买受人同意委托＿＿＿＿＿＿向权属登记机关申请办理房屋权属转移登记，委托费用＿＿＿＿＿＿元人民币（大写）。

（三）买受人未能在商品房交付之日起＿＿日内取得房屋所有权证书的，双方同意按照下列方式处理。

1. 如因出卖人的责任，买受人有权退房。买受人退房的，出卖人应当自退房通知送达之日起＿＿＿日内退还买受人全部已付款，并按照＿＿＿＿＿＿利率付给利息。买受人不退房的，自买受人应当取得房屋所有权证书的期限届满之次日起至实际取得房屋所有权证书之日止，出卖人按日计算向买受人支付全部已付款万分之＿＿＿的违约金，并于买受人实际取得房屋所有权证书之日起＿＿＿日内向买受人支付。

2. 如因买受人的责任，＿＿＿＿＿＿＿＿＿＿、＿＿＿＿＿＿＿＿、＿＿＿＿。

3. ＿＿＿＿＿＿＿＿＿＿＿＿＿＿＿＿＿＿＿＿、＿＿＿＿＿＿＿＿＿＿。

第十九条　共有权益的约定

1. 该商品房所在楼栋的屋面使用权归全体产权人共有。

2. 该商品房所在楼栋的外墙面使用权归全体产权人共有。

3. ＿＿＿＿＿＿＿＿＿＿＿＿＿＿＿＿＿＿＿＿＿＿＿＿＿＿＿＿＿＿。

4. ＿＿＿＿＿＿＿＿＿＿＿＿＿＿＿＿＿＿＿＿＿＿＿＿＿＿＿＿＿＿。

第二十条　附属建筑物、构筑物的约定

双方同意该商品房的地下停车库等附属建筑物、构筑物按照以下第＿＿＿＿＿＿种方式处理。

1. 出卖人出卖该商品房时，该商品房附属的＿＿＿、＿＿＿、＿＿＿、＿＿＿随同该商品房一并转让。

2. 出卖人出卖该商品房时，商品房附属的＿＿＿、＿＿＿、＿＿＿、＿＿＿不随同该商品房一并转让。

第二十一条　前期物业服务（未成立业主委员会）

（一）出卖人依法选聘的物业服务企业为：＿＿＿＿＿＿＿＿，资质证号为：＿＿＿＿＿＿＿＿。

（二）前期物业管理期间，物业服务收费价格为＿＿＿＿/月·平方米（建筑面积）。价格构成包括物业区域内保洁费、公共秩序维护费、共用部位共用设施设备日常维护费、绿化养护费、综合管理费、＿＿＿＿、＿＿＿＿、＿＿＿＿。

地上停车管理费＿＿＿＿，地下停车管理费＿＿＿＿。

（三）物业服务企业按照第＿＿＿＿种方式收取物业服务费。

1. 按照年收取，买受人应当在每年的＿＿＿月＿＿＿日前缴费。

2. 按照半年收取，买受人应当分别在每年的＿＿＿月＿＿＿日前和＿＿＿月＿＿＿日前缴费。

3. 按照季收取，买受人应当分别在每年的＿＿＿月＿＿＿日前、＿＿＿月＿＿＿日前、＿＿＿月＿＿＿日前和＿＿＿月＿＿＿日前缴费。

（四）物业服务内容（前期物业服务合同、临时管理规约）见附件七。买受人已详细阅读前期物业服务合同和临时管理规约，同意由出卖人依法选聘的物业服务企业提供前期物业服务，遵守临时管理规约。

第二十二条　专项维修资金

买受人委托出卖人代交专项维修资金的，出卖人应当自买受人接收该商品房之日起______日内，向买受人提交专项维修资金缴纳凭证。

买受人自行缴纳专项维修资金的，应当在商品房交付【时】【之日起______日内】，向物业管理企业出示专项维修资金缴纳凭证。

第二十三条　不可抗力

因不可抗力不能按照约定履行本合同的，根据不可抗力的影响，部分或全部免除责任，但因不可抗力不能按照约定履行合同的一方当事人应当及时告知另一方当事人，并自不可抗力事件结束之日起______日内向另一方当事人提供证明。

第二十四条　争议解决方式

本合同在履行过程中发生的争议，由双方当事人协商解决；协商不成的，按照下列第______种方式解决。

1. 提交____________仲裁委员会仲裁。

2. 依法向人民法院起诉。

第二十五条　本合同自双方签字（盖章）之日起生效。双方可以根据具体情况对本合同中未约定、约定不明或不适用的内容签订书面补充协议进行变更或补充，但补充协议中含有不合理地减轻或免除本合同中约定应当由出卖人承担的责任或不合理地加重买受人责任、排除买受人主要权利内容的，仍以本合同为准。对本合同的解除，应当采用书面形式。本合同附件及补充协议与本合同具有同等法律效力。

第二十六条　本合同及附件共______页，一式______份，具有同等法律效力，其中出卖人______份，买受人______份，______份，______份。

出卖人（签章）：	买受人（签章）：
【法定代表人】：	【法定代表人】：
【委托代理人】（签章）：	【负责人】：
【委托销售代理机构】（签章）：	【委托代理人】（签章）：
签订时间：______年______月______日	签订时间：______年______月______日
签订地点：	签订地点：

附件一　房屋平面图及在整个楼栋中的位置图（应标明方位）（略）

附件二　共用部位与共用房屋分摊建筑面积构成说明

1. 被分摊的共用部位的名称、用途、所在位置、面积。

2. 参与分摊公用建筑面积的商品房名称、用途、所在位置、面积、分摊系数。

3. 不分摊的共用部位。

附件三　关于抵押的相关约定（略）

附件四　计价方式与价款的其他约定（略）

附件五　付款方式及期限的约定（略）

附件六　装饰和设备标准的约定

1. 采暖系统：

（1）集中采暖：【散热器】【地板采暖】【　】______________________________；

(2) 分户采暖:【燃气炉】【电采暖】【　】________________;
(3) 采暖设备品牌:________________。
2. 保温材料:
(1) 外墙保温:【挤压聚苯板】【发泡聚苯板】【发泡聚安酯】【　】________;
(2) 内墙保温:【石膏聚苯板】【　】________________。
3. 外墙:【瓷砖】【涂料】【玻璃幕墙】【　】________________。
4. 内墙:【涂料】【壁纸】【　】________________。
5. 顶棚:【石膏板吊顶】【涂料】【　】________________。
6. 室内地面:【大理石】【花岗岩】【水泥抹面】【实木地板】【　】________。
7. 门窗:
(1) 外窗结构尺寸为:________________;
(2) 开启方式为:________________;
(3) 门窗型材:【双玻中空断桥铝合金窗】【塑钢双玻璃】【　】________。
8. 厨房:
(1) 地面:【水泥抹面】【瓷砖】【　】________________;
(2) 墙面:【耐水腻子】【瓷砖】【　】________________;
(3) 顶棚:【水泥抹面】【石膏吊顶】【　】________________;
(4) 厨具:________________。
9. 卫生间:
(1) 地面:【水泥抹面】【瓷砖】【　】________________;
(2) 墙面:【耐水腻子】【涂料】【瓷砖】【　】________________;
(3) 顶棚:【水泥抹面】【石膏吊顶】【　】________________。
10. 阳台:【塑钢封闭】【铝合金封闭】【断桥铝合金封闭】【不封闭】【　】____。
11. 电梯:
(1) 电梯品牌名称:________________;
(2) 电梯速度:______米/秒;
(3) 电梯载重量:____________千克;
(4) ________________。
12. 其他
(1) ________________;
(2) ________________。

附件七　物业服务

一、前期物业服务合同

二、临时管理规约

三、其他约定

附件八　该商品房的建筑设计文件所标注的建筑隔声情况和环境影响评价文件所表征的所在地声环境状况(环境影响评价文件未含声环境状况的应在商品房预售时通过实测取得)。

1. 建筑隔声情况

（1）室内允许噪声级≤____dB（A），符合《民用建筑隔声设计规范》____级标准；

（2）分户墙及楼板计权隔声量≥____dB（A），符合《民用建筑隔声设计规范》____级标准；

（3）分户层间楼板计权标准化撞击声压级≤____dB（A），符合《民用建筑隔声设计规范》____级标准；

（4）建筑外窗计权隔声量＞RW____≥____dB（A），符合《建筑外窗空气隔声性能分级及其检测方法》____级标准；

（5）阳台门计权隔声量＞RW____≥____dB（A），符合《隔声门》____级标准。

2. 所在地声环境状况

（1）项目立项或预售时所在地声环境现状监测值为：昼间____dB（A），夜间____dB（A），监测时间为________年______月______日；

（2）项目立项时所在地所处的声环境质量标准适用区域为____类区，执行标准为昼间____dB（A），夜间____dB（A）；

（3）项目立项时所在地周边（有/无）可能对本项目产生噪声或振动影响的道路、轨道线路、铁路、机场或飞行航道，分别是____________________；

（4）目前尚未建设但规划项目所在地周边（有/无）可能对本项目产生噪声影响的道路、轨道线路、铁路、机场或飞行航道，分别是____________________；

（5）项目建成后所处区域整体环境噪声预测值为昼间____dB（A）—____dB（A），夜间____dB（A）—____dB（A）。其中受周边噪声或振动影响最严重的区域为____侧（具体方位），预测昼间将会达到____dB（A），（超过/优于）本地声环境质量标准适用区域标准____dB（A），夜间将会达到____dB（A），（超过/优于）本地声环境质量标准适用区域标准____dB（A）。

附2：

BF——2005——0116　　　　　　　　　　　　合同编号：

北京市商品房预售合同

出卖人：____________________

买受人：____________________

北京市建设委员会

北京市工商行政管理局

二〇〇七年十二月修订

说　明

1. 本合同文本为示范文本，由北京市建设委员会和北京市工商行政管理局共同制订。

2. 签订前，出卖人应当向买受人出示商品房预售许可证及其他有关证书和证明文件。

3. 当事人应当按照自愿、公平及诚实信用的原则订立合同，任何一方不得将自己的意志强加给另一方。双方当事人可以对文本条款的内容进行修改、增补或删减。合同生效后，未被修改的文本打印文字视为双方当事人同意内容。

4. 签订商品房预售合同前，买受人应当仔细阅读合同条款，应当特别仔细审阅其中具有选择性、补充性、填充性、修改性的内容。

5. 为体现合同双方的自愿原则，本合同文本中相关条款后留有空白行，供双方自行约定或补充约定。出卖人与买受人可以针对合同中未约定或约定不详的内容，根据所售项目的具体情况签订公平合理的补充协议，也可以在相关条款后的空白行中进行补充约定。

6. 本合同文本【　】中选择内容、空格部位填写及其他需要删除或添加的内容，双方当事人应当协商确定。【　】中选择内容，以划"√"方式选定；对于实际情况未发生或双方当事人不作约定时，应当在空格部位打"×"，以示删除。

7. 双方当事人在履行合同中发生争议的，可以选择向不动产所在地人民法院起诉，也可以选择向仲裁委员会申请仲裁。如选择申请仲裁的，可以向北京仲裁委员会、中国国际经济贸易仲裁委员会、外地的仲裁委员会申请。

8. 双方当事人可以根据实际情况决定本合同原件的份数，并在签订合同时认真核对，以确保各份合同内容一致；在任何情况下，买受人都应当至少持有一份合同原件。

北京市商品房预售合同

出卖人：________________

通讯地址：________________

邮政编码：________________

营业执照注册号：________________

企业资质证书号：________________

法定代表人：________________联系电话：________________

委托代理人：________________联系电话：________________

委托销售代理机构：________________

通讯地址：________________

邮政编码：________________

营业执照注册号：________________

买受人：________________

【法定代表人】【负责人】：________________国籍：________________

【身份证】【护照】【营业执照注册号】【　】：________________

出生日期：______年____月____日，性别：________________

通讯地址：________________

邮政编码：________________联系电话：________________

【法定代理人】【委托代理人】：________________国籍：________________

【身份证】【护照】【　】：________________

出生日期：______年____月____日，性别：________________

通讯地址：________________

邮政编码：________________联系电话：________________

根据《中华人民共和国合同法》、《中华人民共和国城市房地产管理法》、《北京市城市房地产转让管理办法》及其他有关法律、法规的规定，出卖人和买受人在平等、自愿、公平、协商一致的基础上就商品房预售事宜达成如下协议：

第一条 项目建设依据

出卖人以【出让】【转让】【划拨】方式取得座落于__________地块的国有土地使用权。该地块【国有土地使用证号】 【城镇建设用地批准书号】为：____________________，土地使用权面积为：__________，买受人购买的商品房（以下简称该商品房）所在土地用途为：__________，土地使用年限自______年______月______日起至______年______月____日止。

出卖人经批准，在上述地块上建设的商品房【地名核准名称】 【暂定名】为：________，建设工程规划许可证号为：__________，建筑工程施工许可证号为：__________，建设工程施工合同约定的开工日期为：____________，建设工程施工合同约定的竣工日期为：________________。

第二条 预售依据

该商品房已由____________批准预售，预售许可证号为：__________。

第三条 基本情况

该商品房所在楼栋的主体建筑结构为：____________，建筑层数为：________层，其中地上__________层，地下__________层。

该商品房为第一条规定项目中的________【幢】【座】第________层________单元__________号。该房号为【审定编号】【暂定编号】，最终以公安行政管理部门审核的房号为准，该商品房平面图及在整个楼栋中的位置图见附件一。

该商品房的用途为【住宅】【经济适用住房】【公寓】【别墅】【办公】【商业】【 】：________；【层高】【净高】为：________米，【坡屋顶净高】最低为：________米，最高为：________米。该商品房朝向为：____________。有______个阳台，其中________个阳台为封闭式，________个阳台为非封闭式。

出卖人委托预测该商品房面积的房产测绘机构是____________，其预测建筑面积共__________平方米，其中，套内建筑面积__________平方米，共用部位与共用房屋分摊建筑面积__________平方米。有关共用部位与共用房屋分摊建筑面积构成说明见附件二。

签订本合同时该商品房所在楼栋的建设工程进度状况为____________。

（如：正负零、地下一层、地上五层、结构封顶）

本条所称层高是指上下两层楼面或楼面与地面之间的垂直距离。净高是指楼面或地面至上部楼板底面或吊顶底面之间的垂直距离。

第四条 抵押情况

与该商品房有关的抵押情况为：__________。

1. 该商品房所分摊的土地使用权及在建工程均未设定抵押。

2. 该商品房所分摊的土地使用权已经设定抵押，抵押权人为：____________，抵押登记部门为：________________，抵押登记日期为：____________。

3. 该商品房在建工程已经设定抵押，抵押权人为：________________，抵押登记部门为：________________，抵押登记日期为：________________。（2 和 3 可以同时选择）

____。

抵押权人同意该商品房预售的证明及关于抵押的相关约定见附件三。

第五条　计价方式与价款

该商品房为住宅的，出卖人与买受人约定按照下列第 1 种方式计算该商品房价款。其中，该商品房为经济适用住房的，出卖人与买受人约定同时按照下列第 1 种方式和第 2 种方式分别计算该商品房价款。

该商品房为非住宅的，出卖人与买受人约定按照下列第________种方式计算该商品房价款。

1. 按照套内建筑面积计算，该商品房单价每平方米______（币）______元，总价款______（币）______佰______拾______亿______仟______佰______拾______万______仟______佰______拾______元整（大写）。

2. 按照建筑面积计算，该商品房单价为每平方米______（币）______元，总价款______（币）______佰______拾______亿______仟______佰______拾______万______仟______佰______拾______元整（大写）。

3. 按照套（单元）计算，该商品房总价款为______（币）______佰______拾______亿______仟______佰______拾______万______仟______佰______拾______元整（大写）。

4. 按照____________________计算，该商品房总价款为______（币）______佰______拾______亿______仟______佰______拾______万______仟______佰______拾______元整（大写）。

具体约定见附件四。

本条所称建筑面积，是指房屋外墙（柱）勒脚以上各层的外围水平投影面积，包括阳台、挑廊、地下室、室外楼梯等，且具备有上盖，结构牢固，层高 2.20 米以上（含 2.20 米）的永久性建筑。

所称套内建筑面积，是指成套商品房（单元房）的套内使用面积、套内墙体面积和阳台建筑面积之和。

第六条　付款方式及期限

买受人采取下列第______种方式付款。

1. 一次性付款。

2. 分期付款。

3. 贷款方式付款：【公积金贷款】【商业贷款】。买受人可以首期支付购房总价款的______%，其余价款可以向【__________】【__________银行】借款支付。

4. 其他方式。

具体付款方式及期限的约定见附件五。

第七条　出卖人保证该商品房没有产权纠纷，因出卖人原因造成该商品房不能办理产权登记或发生债权债务纠纷的，由出卖人承担相应责任。

____。

第八条　规划变更的约定

出卖人应当按照规划行政主管部门核发的建设工程规划许可证规定的条件建设商品房，不得擅自变更。

出卖人确需变更建设工程规划许可证规定条件的，应当书面征得受影响的买受人同意，并取得规划行政主管部门的批准。因规划变更给买受人的权益造成损失的，出卖人应当给予相应的补偿。

第九条　设计变更的约定

（一）经规划行政主管部门委托的设计审查单位批准，建筑工程施工图设计文件的下列设计变更影响到买受人所购商品房质量或使用功能的，出卖人应当在设计审查单位批准变更之日起10日内，书面通知买受人。

1. 该商品房结构形式、户型、空间尺寸、朝向；

2. 供热、采暖方式；

3. ____；

4. ____；

5. ____。

出卖人未在规定时限内通知买受人的，买受人有权退房。

（二）买受人应当在通知送达之日起15日内做出是否退房的书面答复。买受人逾期未予以书面答复的，视同接受变更。

（三）买受人退房的，出卖人应当自退房通知送达之日起______日内退还买受人已付房款，并按照__________利率付给利息。买受人不退房的，应当与出卖人另行签订补充协议。

____。

第十条　逾期付款责任

买受人未按照约定的时间付款的，按照下列第______种方式处理：

1. 按照逾期时间，分别处理［（1）和（2）不作累加］：

（1）逾期在____日之内，自约定的应付款期限届满之次日起至实际支付应付款之日止，买受人按日计算向出卖人支付逾期应付款万分之______的违约金，并于实际支付应付款之日起____日内向出卖人支付违约金，合同继续履行。

（2）逾期超过____日［该日期应当与第（1）项中的日期相同］后，出卖人有权解除合同。出卖人解除合同的，买受人应当自解除合同通知送达之日起____日内按照累计的逾期应付款的______%向出卖人支付违约金，并由出卖人退还买受人全部已付款。买受人愿意继续履行合同的，经出卖人同意后，合同继续履行，自约定的应付款期限届满之次日起至实际支付应付款之日止，买受人按日计算向出卖人支付逾期应付款万分之______［该比率应当不小于第（1）项中的比率］的违约金，并于实际支付应付款之日起____日内向出卖人支付违约金。

本条所称逾期应付款是指依照第六条约定的到期应付款与该期实际已付款的差额；采取分期付款的，按照相应的分期应付款与该期的实际已付款的差额确定。

2. ____。

第十一条　交付条件

（一）出卖人应当在______年______月______日前向买受人交付该商品房。

（二）该商品房交付时应当符合下列第1.、2.、3.……：__________、__________、__________、__________项所列条件；该商品房为住宅的，出卖人还应当提供《住宅质量保证书》、《住宅使用说明书》，以及《住宅工程质量分户验收表》（该表适用于2006年1月1日起进行住宅工程竣工验收的房屋）。

1. 该商品房已取得规划验收批准文件和建筑工程竣工验收备案表；

2. 有资质的房产测绘机构出具的该商品房面积实测技术报告书；

3. 满足第十二条中出卖人承诺的市政基础设施和其他设施达到的条件（适用于2007年3月1日后签订土地使用权出让合同的住宅；或2007年3月1日前已签订土地使用权出让合同但在2007年8月1日后进行施工招投标的住宅）；

4. 满足第十二条中出卖人承诺的市政基础设施和其他设施达到的条件（适用于2007年3月1日前签订土地出让合同但在2007年8月1日前进行招投标的项目）；

5. 出卖人已取得了该商品房所在楼栋的房屋权属证明；

6. ____;

7. ____。

第十二条　市政基础设施和其他设施的承诺

该商品房为住宅的，出卖人承诺本合同附件八载明的该商品房所在楼栋本期的项目建设方案与出卖人向建设行政主管部门申报并在北京市建设委员会网上公示的该项目建设方案一致，本条款约定的市政基础设施和其他设施的交用日期与建设方案的日期相符或提前于建设方案约定的日期，具体约定如下：

1. 市政基础设施：

（1）上水、下水：______年______月______日达到______________；

（2）【市政双路供电】【过渡性供电】：______年______月______日达到__________；

（3）供暖：______年______月______日达到______________；

（4）燃气：______年______月______日达到______________；

（5）电话通信线：______年______月______日交付，敷设到户；

（6）有线电视线：______年______月______日交付，敷设到户；

（7）____；

（8）____。

如果在约定期限内未达到条件，双方同意按照下列方式处理：

（1）____；

（2）____。

2. 其他设施

（1）公共绿地：______年______月______日达到______________；

（2）小区非市政道路：______年______月______日达到______________；

（3）公共停车场：______年______月______日达到______________；

（4）幼儿园：______年______月______日达到______________；

（5）学校：______年______月______日达到______________；

（6）会所：______年______月______日达到______________；

（7）购物中心：______年______月______日达到______________；

（8）体育设施：______年____月____日达到______________；

（9）____；

（10）____。

如果在约定期限内未达到条件，双方同意按照下列方式处理：

（1）____；

（2）____。

第十三条　逾期交房责任

除不可抗力外，出卖人未按照第十一条约定的期限和条件将该商品房交付买受人的，按照下列第______种方式处理：

1. 按照逾期时间，分别处理［（1）和（2）不作累加］：

（1）逾期在____日之内（该时限应当不小于第十条第（1）项中的时限），自第十一条约定的交付期限届满之次日起至实际交付之日止，出卖人按日计算向买受人支付已交付房价款万分之______的违约金（该违约金比率应当不小于第十条第（1）项中的比率），并于该商品房实际交付之日起____日内向买受人支付违约金，合同继续履行。

（2）逾期超过____日［该日期应当与第（1）项中的日期相同］后，买受人有权退房。买受人退房的，出卖人应当自退房通知送达之日起____日内退还全部已付款，并按照买受人全部已付款的______%向买受人支付违约金。买受人要求继续履行合同的，合同继续履行，自第十一条约定的交付期限届满之次日起至实际交付之日止，出卖人按日计算向买受人支付全部已付款万分之______［该比率应当不小于第（1）项中的比率］的违约金，并于该商品房实际交付之日起____日内向买受人支付违约金。

2. ____。

第十四条　面积差异处理

该商品房交付时，出卖人应当向买受人公示其委托的有资质的房产测绘机构出具的商品房面积实测技术报告书，并向买受人提供该商品房的面积实测数据（以下简称"实测面积"）。实测面积与第三条载明的预测面积发生误差的，双方同意按照第________种方式处理。

1. 根据第五条按照套内建筑面积计价的约定，双方同意按照下列原则处理：

（1）套内建筑面积误差比绝对值在3%以内（含3%）的，据实结算房价款；

（2）套内建筑面积误差比绝对值超出3%时，买受人有权退房。

买受人退房的，出卖人应当自退房通知送达之日起30日内退还买受人已付房款，并按照____________利率付给利息。

买受人不退房的，实测套内建筑面积大于预测套内建筑面积时，套内建筑面积误差比在3%以内（含3%）部分的房价款由买受人补足；超出3%部分的房价款由出卖人承担，产权归买受人所有。实测套内建筑面积小于预测套内建筑面积时，套内建筑面积误差比绝对值在3%以内（含3%）部分的房价款由出卖人返还买受人；绝对值超出3%部分的房价款由出卖人双倍返还买受人。

$$\text{面积误差比} = \frac{\text{实测套内建筑面积} - \text{预测套内建筑面积}}{\text{预测套内建筑面积}} \times 100\%$$

2. 根据第五条按照建筑面积计价的约定，双方同意按照下列原则处理：

（1）建筑面积、套内建筑面积误差比绝对值均在3%以内（含3%）的，根据实测建筑面积结算房价款；

(2) 建筑面积、套内建筑面积误差比绝对值其中有一项超出3%时，买受人有权退房。

买受人退房的，出卖人应当自退房通知送达之日起30日内退还买受人已付房款，并按照＿＿＿＿＿＿利率付给利息。

买受人不退房的，实测建筑面积大于预测建筑面积时，建筑面积误差比在3%以内（含3%）部分的房价款由买受人补足；超出3%部分的房价款由出卖人承担，产权归买受人所有。实测建筑面积小于合同约定建筑面积时，建筑面积误差比绝对值在3%以内（含3%）部分的房价款由出卖人返还买受人；绝对值超出3%部分的房价款由出卖人双倍返还买受人。

$$建筑面积误差比=\frac{实测建筑面积-预测建筑面积}{预测建筑面积}\times 100\%$$

3. 双方自行约定：

(1) ＿＿＿＿＿＿＿＿＿＿＿＿＿＿＿＿＿＿＿＿＿＿＿＿＿＿＿；

(2) ＿＿＿＿＿＿＿＿＿＿＿＿＿＿＿＿＿＿＿＿＿＿＿＿＿＿＿。

第十五条　交接手续

(一) 交付该商品房时，该商品房已经由建设、勘察、设计、施工、工程监理等单位验收合格。该商品房为住宅的，出卖人承诺买受人在办理交接手续前有权对所购买的该商品房进行查验，而且不以缴纳相关税费或者签署物业管理文件作为买受人查验该商品房的前提条件。

(二) 查验该商品房时发现其质量或其他问题的，双方同意按照第＿＿＿种方式处理：

(1) 出卖人应当于＿＿日内将已修复的该商品房交付。由此产生的逾期交房责任由出卖人承担，并按照第十三条处理。

＿＿＿＿＿＿＿＿＿＿＿＿＿＿＿＿＿＿＿＿＿＿＿＿＿＿＿＿＿。

(2) 由出卖人按照国家和本市有关工程质量的规范和标准在商品房交付之日起＿＿日内负责修复，并承担修复费用，给买受人造成的损失由出卖人承担赔偿责任。

(3) ＿＿＿＿＿＿＿＿＿＿＿＿＿＿＿＿＿＿＿＿＿＿＿＿＿＿＿。

(三) 该商品房达到第十一条约定的交付条件后，出卖人应当在交付日的7日前，书面通知买受人办理交接手续的时间、地点以及应当携带的证件。双方进行验收交接时，出卖人应当出示第十一条约定的证明文件，并满足第十一条约定的其他条件。出卖人不出示证明文件或者出示的证明文件不齐全，或未满足第十一条约定其他条件的，买受人有权拒绝接收，由此产生的逾期交房责任由出卖人承担，并按照第十三条处理。

(四) 验收交接后，双方应当签署商品房交接单。由于买受人原因未能按期办理交接手续的，双方同意按照下列约定方式处理：

(1) ＿＿＿＿＿＿＿＿＿＿＿＿＿＿＿＿＿＿＿＿＿＿＿＿＿＿＿；

(2) ＿＿＿＿＿＿＿＿＿＿＿＿＿＿＿＿＿＿＿＿＿＿＿＿＿＿＿。

(五) 双方同意按照下列第＿＿＿＿种方式缴纳税费：

1. 出卖人不得将买受人交纳税费作为交接该商品房的条件。

＿＿＿＿＿＿＿＿＿＿＿＿＿＿＿＿＿＿＿＿＿＿＿＿＿＿＿＿。

2. 买受人同意委托＿＿＿＿＿＿＿＿代交下列第＿＿＿、＿＿＿、＿＿＿、＿＿＿、

______、______种税费，并在接收该商品房的同时将上述税费交给出卖人。

（1）专项维修资金；

（2）契税；

（3）第二十四条约定的物业服务费用；

（4）供暖费；

（5）____；

（6）____。

3. 买受人自行向相关单位缴纳下列第______、______、______、______、______、______种税费，并在接收该商品房的同时向出卖人出示缴纳税费的凭据。

（1）专项维修资金；

（2）契税；

（3）第二十四条约定的物业服务费用；

（4）供暖费；

（5）____；

（6）____。

第十六条　商品房质量、装饰、设备标准的约定

（一）出卖人承诺该商品房使用合格的建筑材料、构配件，该商品房质量符合国家和本市颁布的工程质量规范、标准和施工图设计文件的要求。

（二）出卖人和买受人约定如下：

1. 该商品房地基基础和主体结构质量经检测不合格的，买受人有权退房。买受人退房的，出卖人应当自退房通知送达之日起______日内退还全部已付款，并按照__________利率付给利息，给买受人造成损失的由出卖人承担赔偿责任。因此而发生的检测费用由出卖人承担。

买受人要求继续履行合同的，应当与出卖人另行签订补充协议。

____。

2. 该商品房室内空气质量经检测不符合国家标准的，自该商品房交付之日起____日内（该时限应当不低于60日），买受人有权退房。买受人退房的，出卖人应当自退房通知送达之日起______日内退还买受人全部已付款，并按照__________利率付给利息，给买受人造成损失的由出卖人承担赔偿责任。因此而发生的检测费用由出卖人承担。

买受人不退房的或该商品房交付使用已超过____日的，应当与出卖人另行签订补充协议。

____。

3. 出卖人交付的商品房的装饰、设备标准应当符合双方约定的标准。达不到约定标准的，买受人有权要求出卖人按照下列第______种方式处理：

（1）出卖人赔偿双倍的装饰、设备差价；

（2）____；

（3）____。

具体装饰和设备标准的约定见附件六。

（三）出卖人和买受人对工程质量问题发生争议的，任何一方均可以委托有资质的建设

工程质量检测机构检测，双方均有协助并配合对方检测的义务。

____。

第十七条　住宅保修责任

（一）该商品房为住宅的，出卖人自该商品房交付之日起，按照《住宅质量保证书》承诺的内容承担相应的保修责任。《住宅质量保证书》承诺的保修范围和保修期限必须符合国家和北京市有关法律、法规的规定及相关标准、规程的要求。

该商品房为非住宅的，双方应当签订补充协议详细约定保修范围、保修期限和保修责任等内容。

（二）在该商品房保修范围和保修期限内发生质量问题，双方有退房约定的，按照约定处理；没有退房约定的，出卖人应当履行保修义务，买受人应当配合保修。非出卖人原因造成的损坏，出卖人不承担责任。

第十八条　居民建筑节能措施

该商品房为住宅的，应当符合国家有关建筑节能的规定和北京市规划委员会、北京市建设委员会联合发布的《居民建筑节能设计标准》的要求。未达到标准的，出卖人应当按照《居民建筑节能设计标准》的要求补做节能措施，并承担全部费用；因此给买受人造成损失的，出卖人应当承担赔偿责任。

____。

第十九条　建筑隔声情况

该商品房为住宅的，出卖人承诺该商品房建筑隔声情况符合《民用建筑隔声设计规范》（GBJ118—88）、《建筑外窗空气隔声性能分级及其检测方法》（GB8485—87）、《隔声门》（HCRJ019—98）标准，对该商品房所在地声环境状况的描述真实准确。商品房建筑设计文件所标注的建筑隔声情况和环境影响评价文件所表征的所在地声环境状况见附件九。

商品房建筑隔声情况未达到标准的，出卖人应当按照规划设计的要求补做建筑施工隔声措施，并承担全部费用；因此给买受人造成损失的，出卖人应当承担赔偿责任。

____。

第二十条　使用承诺和风险提示

1. 买受人使用该商品房期间，不得擅自改变该商品房的用途、建筑主体结构和承重结构。除本合同、补充协议及其附件另有约定者外，买受人在使用该商品房期间有权与其他权利人共同使用与该商品房有关的共用部位和设施，并按照共用部位与共用房屋分摊面积承担义务。

出卖人不得擅自改变与该商品房有关的共用部位和设施的使用性质。

2. 出卖人承诺商品住宅不分割拆零销售；不采取返本销售或者变相返本销售的方式销售商品房；不采取售后包租或者变相售后包租的方式销售未竣工商品房。

3. ____。

第二十一条　产权登记

（一）初始登记

出卖人应当在______年______月______日前，取得该商品房所在楼栋的权属证明。如因出卖人的责任未能在本款约定期限内取得该商品房所在楼栋的权属证明的，双方同意按照下列第______种方式处理：

1. 买受人有权退房。买受人退房的，出卖人应当自退房通知送达之日起______日内退还全部已付款，并按照买受人全部已付款的______%向买受人支付违约金。买受人不退房的，合同继续履行，自出卖人应当取得该商品房所在楼栋的权属证明期限届满之次日起至实际取得权属证明之日止，出卖人应当按日计算向买受人支付全部已付款万分之______的违约金，并于出卖人实际取得权属证明之日起____日内向买受人支付。

2. ____。

（二）转移登记

1. 商品房交付使用后，双方同意按照下列第______种方式处理：

（1）双方共同向权属登记机关申请办理房屋权属转移登记。

（2）买受人同意委托____________向权属登记机关申请办理房屋权属转移登记，委托费用________元人民币（大写）。

2. 如因出卖人的责任，买受人未能在商品房交付之日起____日内取得房屋所有权证书的，双方同意按照下列第______种方式处理：

（1）买受人有权退房。买受人退房的，出卖人应当自退房通知送达之日起______日内退还买受人全部已付款，并按照____________利率付给利息。买受人不退房的，自买受人应当取得房屋所有权证书的期限届满之次日起至实际取得房屋所有权证书之日止，出卖人按日计算向买受人支付全部已付款万分之______的违约金，并于买受人实际取得房屋所有权证书之日起______日内由出卖人支付。

（2）____。

3. 如因买受人的责任造成买受人未能在商品房交付之日起____________日内取得房屋所有权证书的，由买受人承担责任。

第二十二条　共有权益的约定

1. 该商品房所在楼栋的屋面使用权归全体产权人共有；

2. 该商品房所在楼栋的外墙面使用权归全体产权人共有；

3. ____；

4. ____。

第二十三条　附属建筑物、构筑物的约定

双方同意该商品房的地下停车库等附属建筑物、构筑物按照以下第____________种方式处理。

1. 出卖人出卖该商品房时，该商品房附属的________、________、________、________随同该商品房一并转让。

2. 出卖人出卖该商品房时，该商品房附属的________、________、________、________不随同该商品房一并转让。

第二十四条　前期物业服务

（一）出卖人依法选聘的物业服务企业为：________________，资质证号为：________________。

（二）前期物业管理期间，物业服务收费价格为________/月·平方米（建筑面积）。价格构成包括物业区域内保洁费、公共秩序维护费、共用部位共用设施设备日常维护费、绿化养护费、综合管理费、____________、________、________。

地上停车管理费________，地下停车管理费________。

（三）物业服务企业按照第________种方式收取物业服务费。

1. 按照年收取，买受人应当在每年的____月____日前缴费。

2. 按照半年收取，买受人应当分别在每年的____月____日前和____月____日前缴费。

3. 按照季收取，买受人应当分别在每年的____月____日前、____月____日前、____月____日前和____月____日前缴费。

（四）物业服务内容（前期物业服务合同、临时管理规约）见附件七。买受人已详细阅读前期物业服务合同和临时管理规约，同意由出卖人依法选聘的物业服务企业提供前期物业服务，遵守临时管理规约。

第二十五条 专项维修资金

买受人委托出卖人代交专项维修资金的，出卖人应当自受托之日起____日内，向买受人提交专项维修资金缴纳凭证。

第二十六条 不可抗力

因不可抗力不能按照约定履行本合同的，根据不可抗力的影响，部分或全部免除责任，但因不可抗力不能按照约定履行合同的一方当事人应当及时告知另一方当事人，并自不可抗力事件结束之日起______日内向另一方当事人提供证明。

第二十七条 争议解决方式

本合同在履行过程中发生的争议，由双方当事人协商解决；协商不成的，按照下列第______种方式解决：

1. 提交____________仲裁委员会仲裁。

2. 依法向人民法院起诉。

第二十八条 本合同自双方签字（盖章）之日起生效。双方可以根据具体情况对本合同中未约定、约定不明或不适用的内容签订书面补充协议进行变更或补充，但补充协议中含有不合理地减轻或免除本合同中约定应当由出卖人承担的责任或不合理地加重买受人责任、排除买受人主要权利内容的，仍以本合同为准。对本合同的解除，应当采用书面形式。本合同附件及补充协议与本合同具有同等法律效力。

第二十九条 本合同及附件共______页，一式______份，具有同等法律效力，其中出卖人______份，买受人______份，______份，______份。

第三十条 自本合同签订之日起30日内，由出卖人向________申请办理该商品房预售合同登记备案手续。出卖人自本合同生效之日起30日内未申请预售登记的，买受人可以申请预售登记。预售的商品房已抵押的，预售登记应当由出卖人和买受人双方共同申请。

出卖人（签章）：	买受人（签章）：
【法定代表人】：	【法定代表人】：
【委托代理人】（签章）：	【负责人】：
【委托销售代理机构】（签章）：	【委托代理人】（签章）：
签订时间：______年______月______日	签订时间：______年____月______日
签订地点：	签订地点：

附件一 房屋平面图及在整个楼栋中的位置图（应标明方位）（略）

附件二　共用部位与共用房屋分摊建筑面积构成说明

1. 被分摊的共用部位的名称、用途、所在位置、面积。

2. 参与分摊公用建筑面积的商品房名称、用途、所在位置、面积、分摊系数。

3. 不分摊的共用部位。

附件三　该商品房取得抵押权人同意销售的证明及关于抵押当事人的相关约定（略）

附件四　计价方式与房款的其他约定（略）

附件五　付款方式及期限的约定（略）

附件六　装饰和设备标准的约定

1. 采暖系统：

（1）集中采暖：【散热器】【地板采暖】【　】＿＿＿＿＿＿＿＿＿＿＿＿＿＿＿＿；

（2）分户采暖：【燃气炉】【电采暖】【　】＿＿＿＿＿＿＿＿＿＿＿＿＿＿＿＿＿；

（3）采暖设备品牌：＿＿＿＿＿＿＿＿＿＿＿＿＿＿＿＿＿＿＿＿＿＿＿＿＿＿＿＿。

2. 保温材料：

（1）外墙保温：【挤压聚苯板】【发泡聚苯板】【发泡聚安酯】【　】＿＿＿＿。

（2）内墙保温：【石膏聚苯板】【　】＿＿＿＿＿＿＿＿＿＿＿＿＿＿＿＿＿＿＿＿。

3. 外墙：【瓷砖】【涂料】【玻璃幕墙】【　】＿＿＿＿＿＿＿＿＿＿＿＿＿＿＿＿。

4. 内墙：【涂料】【壁纸】【　】＿＿＿＿＿＿＿＿＿＿＿＿＿＿＿＿＿＿＿＿＿＿＿。

5. 顶棚：【石膏板吊顶】【涂料】【　】＿＿＿＿＿＿＿＿＿＿＿＿＿＿＿＿＿＿＿。

6. 室内地面：【大理石】【花岗岩】【水泥抹面】【实木地板】【　】＿＿＿＿。

7. 门窗：

（1）外窗结构尺寸为：＿＿＿＿＿＿＿＿＿＿＿＿＿＿＿＿＿＿＿＿＿＿＿＿＿＿＿；

（2）开启方式为：＿＿＿＿＿＿＿＿＿＿＿＿＿＿＿＿＿＿＿＿＿＿＿＿＿＿＿＿＿；

（3）门窗型材：【双玻中空断桥铝合金窗】【塑钢双玻璃】【　】＿＿＿＿＿＿。

8. 厨房：

（1）地面：【水泥抹面】【瓷砖】【　】＿＿＿＿＿＿＿＿＿＿＿＿＿＿＿＿＿＿＿；

（2）墙面：【耐水腻子】【瓷砖】【　】＿＿＿＿＿＿＿＿＿＿＿＿＿＿＿＿＿＿＿；

（3）顶棚：【水泥抹面】【石膏吊顶】【　】＿＿＿＿＿＿＿＿＿＿＿＿＿＿＿＿＿；

（4）厨具：＿＿＿＿＿＿＿＿＿＿＿＿＿＿＿＿＿＿＿＿＿＿＿＿＿＿＿＿＿＿＿＿＿。

9. 卫生间：

（1）地面：【水泥抹面】【瓷砖】【　】＿＿＿＿＿＿＿＿＿＿＿＿＿＿＿＿＿＿＿；

（2）墙面：【耐水腻子】【涂料】【瓷砖】【　】＿＿＿＿＿＿＿＿＿＿＿＿＿＿＿；

（3）顶棚：【水泥抹面】【石膏吊顶】【　】＿＿＿＿＿＿＿＿＿＿＿＿＿＿＿＿＿；

10. 阳台：【塑钢封闭】【铝合金封闭】【断桥铝合金封闭】【不封闭】【】＿＿＿。

11. 电梯：

（1）电梯品牌名称：＿＿＿＿＿＿＿＿＿＿＿＿＿＿＿＿＿＿＿＿＿＿＿＿＿＿＿＿；

（2）电梯速度：＿＿＿＿米/秒；

（3）电梯载重量：＿＿＿＿＿＿＿＿＿千克；

（4）＿＿＿＿＿＿＿＿＿＿＿＿＿＿＿＿＿＿＿＿＿＿＿＿＿＿＿＿＿＿＿＿＿＿＿。

12. 其他

____；

____。

附件七　物业服务

一、前期物业服务合同（略）

二、临时管理规约（略）

三、其他约定（略）

附件八　该商品房所在楼栋本期的项目建设方案（略）

附件九　该商品房的建筑设计文件所标注的建筑隔声情况和环境影响评价文件所表征的所在地声环境状况（环境影响评价文件未含声环境状况的应在商品房预售时通过实测取得）。

1. 建筑隔声情况

（1）室内允许噪声级≤____dB（A），符合《民用建筑隔声设计规范》____级标准；

（2）分户墙及楼板计权隔声量≥____dB（A），符合《民用建筑隔声设计规范》____级标准；

（3）分户层间楼板计权标准化撞击声压级≤____dB（A），符合《民用建筑隔声设计规范》____级标准；

（4）建筑外窗计权隔声量＞RW____≥____dB（A），符合《建筑外窗空气隔声性能分级及其检测方法》____级标准；

（5）阳台门计权隔声量＞RW____≥____dB（A），符合《隔声门》____级标准。

2. 所在地声环境状况

（1）项目立项或预售时所在地声环境现状监测值为：昼间____dB（A），夜间____dB（A），监测时间为____年____月____日；

（2）项目立项时所在地所处的声环境质量标准适用区域为____类区，执行标准为昼间____dB（A），夜间____dB（A）；

（3）项目立项时所在地周边（有/无）可能对本项目产生噪声或振动影响的道路、轨道线路、铁路、机场或飞行航道，分别是______；

（4）目前尚未建设但规划项目所在地周边（有/无）可能对本项目产生噪声影响的道路、轨道线路、铁路、机场或飞行航道，分别是______；

（5）项目建成后所处区域整体环境噪声预测值为昼间____dB（A）—____dB（A），夜间____dB（A）—____dB（A）。其中受周边噪声或振动影响最严重的区域为侧（具体方位），预测昼间将会达到____dB（A），（超过/优于）本地声环境质量标准适用区域标准____dB（A），夜间将会达到____dB（A），（超过/优于）本地声环境质量标准适用区域标准____dB（A）。

附件十　补充协议（略）

步骤二：购买人选取相应的付款方式，按照银行规定缴纳首期购房款。

步骤三：在线填写商品房预售合同的内容，网上提交，系统自动生成合同编号。

步骤四：网上正式打印商品房预售合同，同时在管理系统联机备案，并下载打印商品房预售合同签约证明和预售登记申请书。

步骤五：调整销控表，标明该单元（套）商品房已销（预）售。

步骤六：交付房屋。

【提示】

预售商品房才有网上签约和登记备案，现售不需要网签。

根据《北京市建设委员会关于北京市商品房预售合同实行网上签约和预售登记管理工作的通知》（京建交［2005］100 号）的规定，自 2005 年 3 月 15 日起，商品房预售合同，均应按本通知规定在北京市房地产交易管理系统（www. bjfdc. gov. cn，以下简称“管理系统”）进行网上签约和预售登记。根据《关于实行商品房预售合同网上联机备案的通知》（京建交［2008］273 号）的规定，自 2008 年 6 月 1 日起，北京市开始实行商品房预售合同网上联机备案。

签署商品房预售合同时需提供的证件有：

（1）有效身份证原件（外籍人士须提供护照原件；港澳台人士须提供回乡证、台胞证）；

（2）认购书原件、定金收据原件；

（3）总房款 0.3% 的买卖合同公证费（仅限港、澳、台及境外人士，境内人士自主选择）；

（4）按揭银行已盖章的《按揭确认单》原件。

此外，销售人员应对各项手续的办理费用与条款熟悉和了解，并向买受人进行详细说明。

课堂训练

1. 商品房销售代理形式主要包括(　　)。

A. 独家代理　　B. 双方代理　　C. 共同代理　　D. 参与代理

E. 先租后售代理

2. 商品房销售宣传资料主要包括(　　)。

A. 售楼书　　B. 户型手册　　C. 销控表　　D. 购楼须知

E. 房地产认购协议书

3. 具有担保合同履行性质的是(　　)。

A. 订金　　B. 定金　　C. 诚意金　　D. 违约金

课后训练

1. 由教师指定某在售楼盘，要求学生进行实地勘察其售楼处。

（1）观察售楼处的布置；

（2）记录售楼处的主要道具；

（3）将记录形成文档，在班内进行展示和介绍。

2. 通过网络、杂志、报刊等搜集当前当地的新建商品房买卖的税费政策相关规定。

（1）列出政策规定的具体名称，实施时间以及主要内容。

（2）标明资料来源。

3. 由教师给出某在售楼盘的具体信息，要求学生模拟进行销售前准备。

（1）学生分组，每 3—4 人一组；

（2）编制相关的表格；

（3）确定需要准备的资料。

4. 由教师给出某在售楼盘的具体信息，要求学生模拟进行客户接待和客户营销。

（1）学生分组，每 3—4 人一组；

（2）进行角色分配；

（3）接待客户、介绍产品。

（4）客户营销。

5. 要求学生根据自己找到的某银行的某一按揭贷款产品，计算教师指定的某项目的某套房屋的不同还款方式下的还款额。

（1）学生找出某一银行的某一按揭贷款产品；

（2）进行按揭还款的计算；

（3）形成规范的文件并进行说明。

项目八　二手房经纪业务

学习目标

- 进一步了解房源、客源及二手房经纪业务的内容
- 能够进行房源信息、客源信息的登记、整理工作
- 能够进行二手房居间业务

本项目包含两个子项目：房源信息和客源信息的收集与整理、二手房居间业务。

子项目一　房源信息和客源信息的收集与整理

引导案例

小陆是北京皓天房地产经纪公司的一名具有房地产经纪人资格证书的房地产经纪机构从业人员。小陆平时要负责房源信息和客源信息的搜集与整理工作。

知识链接

房源是房地产经纪公司经营活动的基本资源。一个经纪公司所拥有的房源数量越多、类型越丰富，其所占有的市场份额就越大，发展的机会就越多。一般认为，在房地产居间业务中，房源就是委托经纪人出售或出租的物业。但是，从房源所包括的各项指标来看，它不仅有物理属性、法律属性，还有非常关键的“心理属性”。房源心理属性中的心理指的是业主在委托过程中的心理状态。这种心理状态受到多种因素影响而不断发生变化，从而对房源中的某些因素产生影响，尤其是价格因素，更易受到影响。比如业主对市场信息了解程度变化或出售（租）心态发生变化，会直接导致房源价格发生变化。

由此来看，房源不仅包括委托出售或出租的物业，还包括该物业的业主（委托人）。因此，房源应当是指业主（委托方）及其委托出售（租）的物业。

客源是房地产经纪公司经营活动的基本资源。没有客源也就没有买方，房地产交易活动也就无法展开，从一定程度上讲，客源和房源一起决定了一个房地产经纪公司的生存和发展。

客源是对买进或租赁房屋有现时需求和潜在需求的客户，是个人及其需求意向或信息。个人信息包括姓名、性别、年龄、职业和联系方式等，公司或其他单位、组织，包括公司名称、性质、法定代表人、法人授权委托人及联系方式等；而意向需求则包括需求类型（买或租），房屋的地段、户型、面积、朝向、价格、产权和购买方式等信息。

任务描述 1 - 1

房源信息的收集与整理。

【关键术语】：套盘、笋盘、新盘、散盘

套盘指房地产开发项目，通常有项目名称，如××花园等。笋盘是指符合或低于市场价格、极易成交的房源。新盘指新收集到的楼盘信息。散盘是指没有固定的特点，除套盘、笋盘、新盘三种之外的一些房源。

解决方案

步骤一：想尽一切办法，获取各种房源信息。

步骤二：对这些信息进行筛选，去伪存真，去粗取精，保证房源的可靠性。

步骤三：对筛选过的信息按一定标准进行编辑分类和录入，编制（录入）相关表格。

根据房地产经纪人员实际工作的需要，通常将房源分为套盘、笋盘、新盘、散盘四类。之后按类别进行录入、查询。相关表格见表 8 - 1、表 8 - 2 和表 8 - 3。

表 8 - 1　　二手房买卖业务房源实勘表 1

物件编号：　　案名：　　□独家□非独家			
物件地址：			邮编：
委托人	姓名（公司名）：		联系人/联系电话：
	性别：　　生日：		□产权人
	联系电话：H：　O：　MP：		□代理人（非产权人但为签约人）
	E - mail：		委托授权书　□有　□无
	联络地址（邮编）：		
信息来源	□来电　□来店　□DM　□老客户　□报纸广告　□行销活动　□网站　□其他		
权属信息	□有　□产权证　□预售登记证____字（　）第____号　□无		
	产权人：　　共有人：		
	交易方式：□过户　□退房购房　□其他：		
	抵押：□有　抵押银行：　　贷款余额：　　□无		
物件资料	房屋类型：□公房　□普通商品房　□高档商品房　□经济适用房　□其他：		
	使用状况：□自用　□空置　□期房（交房日期：　） □出租（租约____到期日____）		
	建筑格式	□多层　□小高层　□高层　建筑面积________m²	
		□老式花园住宅　□别墅　建筑面积：____m²　占地面积：____m² 花园面积：______m²	
		□其他______建筑面积：______m²	
	房屋状况	□装修　□毛坯　□有家具　□无家具	
		空调：□有（□分体式____部　□窗式____部　□中央空调）□无	
		客厅朝向：　　主卧朝向：　　房龄：	
	层别	共____层　每层______户　电梯______部	
	格局	室____厅____卫____，保姆房：□有　□无　车位：□无　□有　含____个	
	维修基金	□无　□有　□赠送　□不赠送　金额：	
	管理费	□人民币　□美金__________元/月·m²	

续表

委托条件	售价	刊登售价：________万元 委托售价：________万元（含车位）		
	服务费	成交价：____%，金额____元	委托期限：[ ]—[ ]	
	分配业绩比例	开发 PASS 销售比例____	开发人员：____店经纪人/店长姓名：____	
	付款方式	首付：______% 余额：______ 全款：______		
	委托价格更改	第一次更改时间：	更改价格：	价格确认人：
		第二次更改时间：	更改价格：	价格确认人：
		第三次更改时间：	更改价格：	价格确认人：
提供资料印本	☐产权证☐出售合同 ☐预售合同 ☐协议书 ☐发票 ☐契税收据 ☐图纸 ☐其他：____			
物件特性				
特约事项				
户型图				
电脑输入：	经办人员：		主管签章：	

表 8－2　　房源实勘表 2　　编号：

业主姓名		物业名称		物业地址	
物业勘查时点		使用情况	☐自用 ☐空置 ☐在租		
区域因素	地段等级		规划发展前景		
	基础设施	☐管道煤气 ☐宽带网 ☐有线电视 ☐电话 ☐停车场 ☐电梯 ☐其他：____			
	商服设施	☐银行 ☐学校 ☐邮局 ☐电话 ☐医院 ☐市场 ☐其他：____			
	交通条件	500m 以内公交车站点 ☐三条以内 ☐三到五条 ☐五条以上			
	文教环境	半径 1km 内☐学校 ☐小学 ☐幼儿园 ☐医院 ☐书店 ☐其他：____			
	绿化环境	半径 1km 内☐大型公园 ☐成片绿地 ☐大规模水面 ☐无 ☐其他：____			
个别因素	物业权属	☐商品房 ☐经济适用房 ☐两限房 ☐房改房 ☐私房 ☐其他：____			
	物业类型	☐普通住宅 ☐公寓 ☐写字楼 ☐别墅 ☐商铺 ☐其他：	楼层	第____层，层高____米	
	建筑结构	☐砖木 ☐砖混 ☐钢混 ☐框架 ☐其他：	建成年份		
	装修情况	☐豪华 ☐高档 ☐一般 ☐毛坯 ☐其他：	物业管理	☐封闭式 ☐开放式	
	物业面积	建筑面积____ m^2	使用面积____ m^2	公摊面积____ m^2	
	户型	室____厅____卫____厨____阳台____，☐跃层 ☐错层 ☐错跃层			
	室内采光	☐明亮 ☐一般 ☐暗 ☐其他：____朝向：			
融资状况	☐一次性付款 ☐分期付款 ☐按揭贷款银行____成数____贷款年限：____年____月 付金额____				
其他开支	物业管理费__________元/月·m^2 维修基金__________元 其他费用：				
留下物品清单	电器： 家具：				
周边物业参考价格	1. ____________参考价格：____________元/m^2 2. ____________参考价格：____________元/m^2 3. ____________参考价格：____________元/m^2				

表 8－3　　　　　　**委托出售房源情况登记表**

登记号：　　　　　　　　　　　　　　　　　　　　填表日期：　　年　　月　　日

房屋坐落						
产权人姓名			身份证号			
同住人姓名						
联系人			联系电话		邮政编码	
联系地址						
委托内容	□出售　□出租　□置换					
需求时限	至______年_____月_____日					
房屋参数	房屋面积	建筑面积：______ m^2　使用面积：______ m^2				
	房屋类型	□高层　□多层　□商用房　□平房　□别墅　□其他				
	房屋权属	□单位产权　□个人产权　□房改房　□商品房　□使用权　□其他				
	权证号	房产证号_________土地使用权证号_________租赁证号_________				
	房屋套型	_____室_____厅_____卫_____厨_____阳台				
	卧室面积	1. ____ m^2，2. ____ m^2，3. ____ m^2，4. ____ m^2				
	厅面积	1. ____ m^2，2. ____ m^2				
	卫生间面积	1. ____ m^2，2. ____ m^2				
	厨房面积	1. ____ m^2，2. ____ m^2				
	阳台面积	1. ____ m^2，2. ____ m^2，3. ____ m^2				
	车库面积	车库合用____ m^2，车库独用____ m^2				
	房屋楼层	第____层（共____层），楼内层高____ m				
	房屋结构		建造年代		房屋朝向	
房屋配套设施	装修情况					
	生活设施					
	物业管理					
委托要求	出售价格	单价	______至______元/m^2	总价	_________元至_________元	
	征租价格	单价	______至______元/m^2	总价	_________元至_________元	
受理部门				经办人		
备注						

步骤四：对各类房源信息进行分析研究，判断其使用价值。

步骤五：随时追踪房源信息的变化，以保证房源信息的及时性和可靠性。

【提示】

房源获取的途径目前主要有小业主和大业主两种。小业主指普通的消费者个人，小业主的房源是房地产经纪业务中最主要的房源。小业主房源的开拓渠道主要有报纸广告、路牌广告、派发宣传单、电话访问、互联网、直接接触等。此外，房地产经纪人员也可以依靠自己的人际关系网去搜集信息；也可以支付信息费，去获得房源信息。大业主通常指的是一些拥有批量房屋的单位，如房地产开发商、资产管理公司等。对于这些大业主，房地产经纪公司一般要采用“主动出击”的方式去获得其房源，即根据这些大业主的具体情况，制定有关行动方案，并派专人（或工作小组）去洽谈、跟进。

一条有效的房源信息，应包括房屋业主资料、房屋状况、放盘要求等基本要素。对于房源的其他信息，如信息来源、业主（委托人）是否愿意独家代理等，也应尽量在房源信息库里备注清楚。

此外，在对房源信息进行筛选时，一般都要查验业主的《房屋所有权证》、《土地使用权证》、产权人的身份证、户口簿、房屋共有人书面同意出售/租的证明等。此外，还要进行物业查验，包括实地勘察、权属审查等。

任务描述 1－2

客源信息的收集与整理。

解决方案

步骤一：收集客源信息。

步骤二：建立客户档案资料。

经纪人随身携带的笔记本或掌上电脑是收集信息的重要工具，而分类整理填入表格（如客源管理登记表，见表 8－4 及表 8－5）和输入电脑是最终结果。

表 8－4　　　　客源管理登记表（个人客户）

A. 客户基础资料	姓名		性别		年龄	
	职业		教育程度		籍贯	
	家庭人口		子女年龄		入学情况	
	联系电话		手机		传真	
	E－mail					
	家庭地址					
B. 需求状况	需求类型	□购买　□租赁　□其他：＿＿＿＿				
	意向物业类型	□住宅　□写字楼　□商铺　□厂房　□其他：＿＿＿＿				
	意向楼型	□高层　□小高层　□多层　□其他：＿＿＿＿				
	意向区域		房型		层高	
	面积		朝向		单价	
	总价		付款方式		按揭成数	
	配套要求					
	其他要求					
C. 交易记录	委托交易的编号		委托时间		客户来源	
	推荐记录					
	看房记录					
	洽谈记录					
	成交记录					
	其他					

表 8－5　　　客源管理登记表（机构客户）

<table>
<tr><td rowspan="7">A. 客户基础资料</td><td>机构名称</td><td colspan="3"></td><td>性质</td><td></td></tr>
<tr><td rowspan="2">法定代表人</td><td rowspan="2"></td><td>联系电话</td><td></td><td>手机</td><td></td></tr>
<tr><td>E－mail</td><td></td><td>传真</td><td></td></tr>
<tr><td rowspan="2">法定授权委托人</td><td rowspan="2"></td><td>联系电话</td><td></td><td>手机</td><td></td></tr>
<tr><td>E－mail</td><td></td><td>传真</td><td></td></tr>
<tr><td>联系地址</td><td colspan="5"></td></tr>
<tr><td>需求类型</td><td colspan="5">□购买　□租赁　□其他：________</td></tr>
<tr><td rowspan="8">B. 需求状况</td><td>意向物业类型</td><td colspan="5">□住宅　□写字楼　□商铺　□厂房　□其他：________</td></tr>
<tr><td>意向楼型</td><td colspan="5">□高层　□小高层　□多层　□其他：________</td></tr>
<tr><td>意向区域</td><td></td><td>房型</td><td></td><td>层高</td><td></td></tr>
<tr><td>面积</td><td></td><td>朝向</td><td></td><td>单价</td><td></td></tr>
<tr><td>总价</td><td></td><td>付款方式</td><td></td><td>按揭成数</td><td></td></tr>
<tr><td>配套要求</td><td colspan="5"></td></tr>
<tr><td>其他要求</td><td colspan="5"></td></tr>
<tr><td rowspan="6">C. 交易记录</td><td>委托交易的编号</td><td></td><td>委托时间</td><td></td><td>客户来源</td><td></td></tr>
<tr><td>推荐记录</td><td colspan="5"></td></tr>
<tr><td>看房记录</td><td colspan="5"></td></tr>
<tr><td>洽谈记录</td><td colspan="5"></td></tr>
<tr><td>成交记录</td><td colspan="5"></td></tr>
<tr><td>其他</td><td colspan="5"></td></tr>
</table>

步骤三：明确客户的需求和动机。

客户的需求越明确，就越容易将潜在客户变成现实客户。根据客户的关注、担心、恐惧和需要，从而提供相应的房源和解决方案，促成交易。

客户的购买动机因其身价、收入和工作等的不同有较大差别，了解这种差别为经纪人提供了交易机会。了解客户的交易动机可借助“是什么最基本的原因促使客户进行一次房产交易”来寻求答案。同时，在征询客户需求时，不宜采用封闭式问题。

步骤四：客户记录的不断更新。

【提示】

一般来说，获取客源信息主要是通过门店、广告、人际网络、客户介绍、讲座等途径，另外也有通过建立会员制等方法获取客源信息的例子。在一些特殊情况下，还可以通过陌生拜访、互联网等获取客源信息。

一般来说，客源档案资料应包括如下资料：

1. 基础资料

客户姓名、性别、年龄、籍贯；家庭地址、电话、传真、E－mail；家庭人口、子女数量、年龄、入学状况、行业、工作单位、职务；教育程度等。

2. 需求状况

所需房屋的区域、类型、房型、面积；目标房屋的特征如卧室、浴室、层高、景观、朝向；特别需要如车位、通讯设施，是否有装修；单价和总价、付款方式、按揭成数；配套因素的要求，如商场、会所、学校等。

3. 交易记录

委托交易的编号、时间；客户来源；推荐记录、看房记录、洽谈记录、成交记录；有无委托其他竞争者等。

目前经纪机构越来越倚重客户管理数据库和房源管理软件。这些数据库和软件的强大功能为经纪人管理房源和查询、使用、分析提供重要保证。

子项目二　二手房居间业务

引导案例

小陆是北京皓天房地产经纪公司的一名具有房地产经纪人资格证书的房地产经纪机构从业人员。小陆在上地门店接受一客户的委托购买住宅房屋一套的业务。

客户的基本情况如下：女性，约35岁左右，家中三口人，职业是软件工程师，收入稳定，孩子5岁，马上要上小学，有住房一套。本次购房主要是想改善居住条件和解决孩子的入学问题。

知识链接

二手房市场上的房地产经纪业务涉及面更广，类型更为丰富，涉及二手房买卖、租赁，既有采用居间方式进行的也可采用代理方式进行的，采用代理方式的二手房业务中，既有卖方代理又有买方代理业务。从客户类型来看，二手房经纪业务既有面向分散的个体客户，也有面向机构客户的。二手房经纪业务的基本共性是标的房地产以单宗房地产为主。开展此类业务的房地产机构难以通过标的房地产本身的批量化来降低单笔业务的运作成本，因而必须提高业务运作总成本中固定成本的比例，并通过扩大经营规模来降低单位固定成本，从而降低单位总成本。因此，要有效地开展此类业务需要较多的先期投入。

目前，在我国很多城市，新建商品房经纪业务仍是房地产经纪业的主要业务类型，但随着二手房市场的发展，二手房经纪业务显现出更快的增长势头。在少数特大城市，二手房经纪业务已达到与新建商品房经纪业务并驾齐驱的地步。从长远来看，由于二手房交易不受土地资源有限性的限制，并且随着社会经济发展而更趋活跃。因此，二手房经纪业务的增长空间更大，将成为房地产经纪的主要业务。

任务描述2-1

描述二手房买卖与租赁居间业务的流程。

【关键术语】：居间业务

居间是指经纪机构向委托人报告订立合同的机会或者提供订立合同的媒介服务，撮合交易成功并从委托人处取得报酬的商业行为。居间是经纪行为中广泛采用的一种基本方式，其特点是服务对象广泛，经纪人员与委托人之间一般没有长期固定的合作关系。

解决方案

步骤一：了解二手房居间业务的要点（略）。

步骤二：描述二手房居间业务的流程（见图8－1和图8－2）。

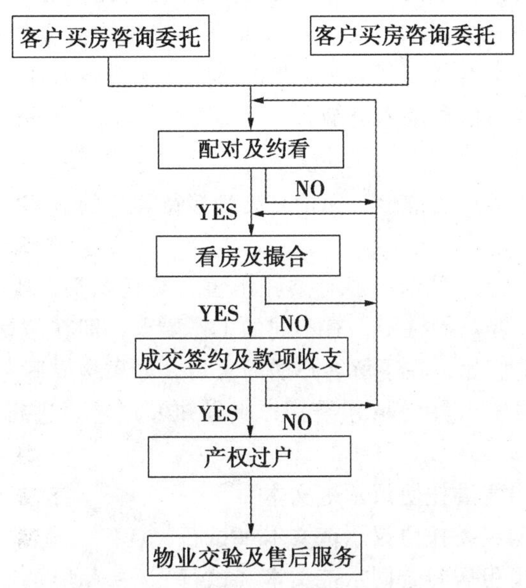

图8－1　二手房买卖居间业务操作基本流程

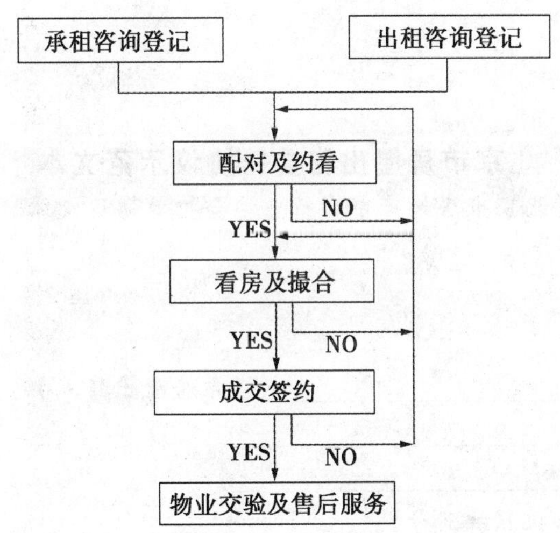

图8－2　二手房租赁居间业务操作基本流程

步骤三：对流程根据具体情况进一步完善。

任务描述2－2

二手房经纪业务中的客户接待。

解决方案

步骤一：在店内站起或走出店外迎接，问候。

步骤二：引领客户入座。

步骤三：确定接待主体。

步骤四：了解需求。

步骤五：接受服务委托或帮助客户解决问题，接受委托要签订书面的《委托协议书》；参见《北京市房屋出售委托协议示范文本》、《北京市房屋购买委托协议示范文本》、《北京市房屋出租居间合同示范文本（试行）》、《北京市房屋承租居间合同示范文本（试行）》。

步骤六：送客，将客户信息录入电脑。

【提示】

有时，存在电话接待客户的情形。无论是哪种接待客户的方式，都要注意基本礼貌和职业素养的体现。

二手房经纪业务中，客户需求一般有委托出售、委托购买、委托出租和委托承租等几种。不同需求的客户，在客户接待中，有不同的工作要点，即在信息要点、技术要点和重要信息审核上有不同的侧重。如，在了解客户的需求后，如果接受服务委托，则应要求委托人出示相关证件，如果是房屋出售（租）委托，应告知客户还要进行房源实地查勘，并要求提供相关权属证明文件。

附：1. 北京市房屋出售委托协议示范文本
　　2. 北京市房屋购买委托协议示范文本（试行）
　　3. 北京市房屋出租居间合同示范文本（试行）
　　4. 北京市房屋承租居间合同示范文本（试行）

附 1：

北京市房屋出售委托协议示范文本

（北京市房地产中介行业协会推荐协议文本）

编号：

委托人：________________（系房屋出售人）

通讯地址：________________

邮政编码：________________

身份证件号码（营业执照注册号）：________________

法定代表人：________________联系电话：________________

委托代理人：________________联系电话：________________

受托人：________________（系房地产经纪机构）

通讯地址：________________

邮政编码：________________联系电话：________________

营业执照注册号：________________

备案证明编号：________________

法定代表人：____________________联系电话：____________________

委托代理人：____________________联系电话：____________________

根据《中华人民共和国合同法》、《中华人民共和国城市房地产管理法》及其他法律法规，委托人和受托人本着平等、自愿、公平、诚实信用的原则，经协商一致，达成如下协议：

第一条　房屋基本情况

（一）该房屋为【楼房】【平房】，坐落为：____________【区（县）】____________【小区（街道）】____________【幢】【座】【号（楼）】____________单元____________号（室），该房屋所在楼栋建筑总层数为：____________层，其中地上____________层，地下____________层。该房屋所在楼层为____________层，建筑面积共____________平方米。

（二）该房屋规划设计用途为【住宅】【公寓】【别墅】【办公】【商业】【　】：______________。

（三）房屋权属情况：

房屋所有权证证号为：______________，共有权证证号为：______________，填发单位为：______________；该房屋【　】未设定抵押【　】已经设定抵押，抵押权人为：____________，他项权利证证号为____。

委托人保证该房屋没有产权纠纷，因委托人原因造成该房屋不能办理产权登记、不能如期办理入住或发生债权债务纠纷的，由委托人承担相应责任。

第二条　委托期限及方式

本协议委托期限自__年__月__日至__年__月__日，此期间受托人为委托人的【　】独家【　】非独家委托服务提供者。

独家委托服务：委托人仅委托受托人为其本次委托销售房屋的唯一受托人。

非独家委托服务：委托人除可委托受托人为其本次委托销售房屋的受托人外，还可委托其他房地产经纪机构或个人代为销售。

第三条　服务内容

委托人委托受托人提供下列第__项服务（可多选）：

（一）提供与上述房屋买卖相关的法律法规、政策、市场行情咨询。

（二）寻找房屋买受人。

（三）在本协议第二条约定的期限内协助管理上述房屋。

（四）协助并撮合委托人与买受人签订房屋买卖合同。

（五）代办税费缴纳事务。

（六）代办上述房屋抵押注销手续。

（七）代办房屋产权转移登记及附属设施过户手续。

（八）代理移交房屋、附属设施及家具设备等。

（九）其他（请注明）____________________。

第四条　委托出售价格

（一）委托人要求上述房屋的出售总价不低于【人民币】【　】______元（大写金额：__________元）。

（二）实际成交价高于前款约定最低出售价的，高出部分属委托人所有，但受托人有权按实际成交价收取佣金。

第五条 佣金及支付

（一）在委托人房屋成功出售（即签订《房屋买卖合同》）之前，受托人不收取委托人任何费用。

（二）委托人在同受托人提供的购房者签订房屋买卖合同时，按国家及行业相关规定及本协议约定向受托人支付相关费用。标准如下：

1. 佣金：房价款的____________%；

2. ____________________________。

第六条 各方责任

（一）委托人责任

1. 委托人向受托人提供所出售房屋的有效证件及详细资料，作为受托人提供委托服务的依据；

2. 委托人保证其出售的房屋具备合法出售条件（包括但不限于：已征得共有人同意、出租人已放弃优先购买权）；

3. 委托人应积极配合受托人开展的正常经纪活动；

4. 委托人应按本协议约定支付佣金，并不得擅自单方解除和变更本协议；

5. 委托期限内或委托期满六个月内不得与受托人介绍过的客户自行成交；

6. 委托人如为独家委托的，不得将该售房信息委托其他房地产经纪机构或个人代为销售；

7. ____________________________。

（二）受托人责任

1. 受托人应核查委托人提供的房源是否符合出售条件；

2. 受托人就房屋交易程序、成交价格、付款方式、房屋交付及产权登记等方面为委托人提供咨询服务；

3. 受托人应积极主动为委托人提供经纪服务，不得擅自单方终止本协议；

4. 受托人应按与委托人约定的委托事项要求开展经纪活动，委托事项变化须经委托人书面同意；

5. 受托人应及时向委托人通报有关委托事项的进展情况，接受委托人咨询，解答相关问题及相关手续的协助办理；

6. 受托人充分利用自身所拥有的推广途径，对委托人房屋进行推介，并协助买卖双方达成交易，协助交易双方办理相关房屋转移登记手续；

7. 除本协议约定的费用外不以任何方式或理由向委托人收取其他费用；

8. 未经委托人同意不得将委托事项转委托其他房地产经纪机构或个人；

9. 受托人同时接受交易双方委托的，应向双方当事人如实说明情况；

10. ____________________________。

第七条 违约责任

（一）委托人违约责任

1. 委托人故意提供虚假的上述房屋证件和资料的，受托人有权单方解除本协议，给受托人造成损失的，委托人应依法承担赔偿责任；

2. 委托人泄露由受托人提供的购房人资料，给受托人、买受人造成损失的，委托人应依法承担赔偿责任；

3. 委托人在委托期限内或委托期满六个月内自行与第三人达成交易的，应按照本协议约定的标准向受托人支付佣金。但双方在本协议第二条中约定为非独家委托，并能证明该项交易与受托人的服务没有直接因果关系的除外；

4. ______________________________。

（二）受托人违约责任

1. 受托人违背执业保密义务，不当泄露委托人商业秘密或个人隐私，给委托人造成损害的，应按照标准支付违约金，约定违约金不足以弥补委托人损失的，委托人有权要求补充赔偿；

2. 受托人有隐瞒、虚构信息或恶意串通等影响委托人利益的行为，委托人除有权解除本协议、要求退还已支付的相关款项外，受托人还应按照标准，向委托人支付违约金；

3. 在委托代办事项中，受托人因工作疏漏，遗失委托人的证件、文件、资料、发票等，应给予相应经济补偿；

4. ______________________________。

第八条 不可抗力

因不可抗力不能按照约定履行本协议的，根据不可抗力的影响，可部分或全部免除责任。

第九条 协议变更与解除

（一）协议变更。在本协议履行期间，任何一方要求变更本协议条款，应书面通知对方，并经双方协商一致，可达成补充协议。补充协议为本协议的组成部分，与本协议具有同等效力。

（二）协议解除。经双方协商一致，可解除本协议。

第十条 争议处理

本协议在履行中如发生争议，双方应协商解决。协商不能解决的，双方同意按以下第______种方式解决纠纷。

（一）提交北京仲裁委员会仲裁；

（二）任何一方均可向房屋所在地人民法院提起诉讼。

第十一条 本协议及附件共______页，一式______份，具有同等法律效力，其中委托人________份，受托人______份，______份。

第十二条 其他约定____________________。

【委托人】（签章）：__________________ 【受托人】（签章）：__________________

【法定代表人】： 【法定代表人】：

【委托代理人】（签章）： 【委托代理人】（签章）：

【备案证明编号】：

【房地产经纪人员】：

【经纪资格证书编号】：

签订时间：__________年______月______日

附件：房屋附属设施、设备清单

（一）房屋附属设施设备

1. 水：

2. 电：

3. 燃气：

4. 供暖（采暖）：

5. 空调：

6. 电视馈线：

7. 电话：

8. 互联网：

9. 其他：

（二）房屋家具、电器、用品情况（略）

（三）房屋配套物品

1. 【房屋钥匙】【单元门钥匙（或磁卡）】【信箱钥匙】【水门钥匙】【电门钥匙】【暖门钥匙】【燃气门钥匙】【】【】；

2. 【《住宅使用说明书》及《住宅质量保证书》】【《家装装修施工合同》及装修材料的发票】；

3. 【水 IC 卡】【电 IC 卡】【气 IC 卡】；

4. 【有线电视交费凭证】【电话交费凭证】【ADSL（上网）交费凭证】；

5. ____。

（四）装修装饰情况

（五）关于该房屋附属设施设备、装饰装修等有关的具体费用：____________。

附 2：

北京市房屋购买委托协议示范文本

（北京房地产中介行业协会推荐协议文本）

编号：

委托人：____________________

（系购房人）

通讯地址：____

邮政编码：____

身份证件号码（营业执照注册号）：____

法定代表人：________________________联系电话：________________________

委托代理人：________________________联系电话：________________________

受托人：____

（系房地产经纪机构）

通讯地址：____

邮政编码：____________________联系电话：____________________

营业执照注册号：____

备案证明编号：____

法定代表人：____________________联系电话：____________________

委托代理人：____________________联系电话：____________________

根据《中华人民共和国合同法》、《中华人民共和国城市房地产管理法》及其他法律法规，委托人和受托人本着平等、自愿、公平、诚实信用的原则，经协商一致，达成如下协议：

第一条　委托事项

（一）委托人委托受托人购买位于北京市__________区【县】__________的房屋，委托价格范围为__________。委托人对购买房屋的要求为：坐落地点：__________，房屋面积__________；房屋建成年代__________；质量要求__________；房屋的结构及户型__________；物业服务水平及物业费的范围__________；该房屋无债权、债务及使用权纠纷。

（二）委托人委托受托人提供下列第______项服务（可多选）：

1. 提供与购买房屋相关的法律法规、政策、市场行情咨询。
2. 寻找意向购买房屋。
3. 对符合委托人需求信息且得到委托人基本认可的房屋进行产权调查和实地查验。
4. 协助并撮合委托人与出售人签订房屋买卖合同。
5. 代办税费缴纳事务。
6. 代办购房抵押贷款手续。
7. 代办房屋产权转移登记及附属设施过户手续。
8. 协助查验并接收房屋、附属设施及家具设备等。
9. 其他（请注明）____________________________。

第二条　委托期限及方式

本协议委托期限自__________年______月______日至__________年______月______日。此期间受托人为委托人的【　】独家【　】非独家委托服务提供者。

独家委托服务：委托人仅委托受托人为其本次委托购买房屋的唯一受托人。

非独家委托服务：委托人除可委托受托人为其本次委托购买该房屋的受托外，还可委托其他经纪机构或个人代为购买其他房屋。

第三条　佣金相关规定

（一）受托人自引领委托人看房开始，直至委托人与售房人签订房屋买卖合同之前，不收取委托人任何费用；

（二）委托人在同受托人提供的房屋出卖人签订房屋买卖合同时，按国家及行业相关规定及本协议约定向受托人支付相关费用，标准如下：

1. 房价款的__________%；
2. ____。

（三）____。

第四条 各方责任

（一）委托人责任

1. 委托人应积极配合受托人开展正常的经纪活动；

2. 委托人向受托人提供所需购买房屋的需求信息，作为受托人提供经纪服务的依据；

3. 委托期限内或委托期满六个月内，委托人不得与受托人介绍过的房屋出卖人自行成交；

4. 委托人不得将受托人提供的信息资料转交他人；

5. 委托人如有代理人，则委托人及其代理人保证全面履行协议条款并配合受托人工作；

6. 委托人如为独家委托的，委托人在本委托期限内不得委托其他房地产经纪机构或个人购买房屋；

7. ____。

（二）受托人责任

1. 受托人应遵守法律、法规、部门规章及行政主管部门的政策、行政措施等，不得违反上述规定违法从事经纪活动；

2. 受托人不得故意隐瞒真实情况和故意提供虚假信息向委托人提供不符合出售条件的房源；

3. 受托人应按与委托人约定的委托事项要求开展经纪活动，委托事项变化须经委托人书面同意；

4. 受托人就房屋交易程序、成交价格、付款方式、房屋交付及产权登记等方面为委托人提供咨询服务；

5. 受托人应及时向委托人通报有关委托事项的进展情况，接受委托人咨询，解答相关问题；

6. 受托人寻找符合委托人需求的房屋，协助委托人与房屋出卖人达成交易并签订房屋买卖合同；

7. 协助交易双方办理相关房屋交易过户手续、贷款手续及房屋交付手续；

8. 除本协议约定的费用外不以任何方式或理由向委托人收取其他费用；

9. 未经委托人同意不得将委托事项转委托其他房地产经纪机构或个人；

10. ____。

第五条 违约责任

（一）委托人违约责任

1. 委托人故意提供虚假房屋需求信息的，受托人有权单方解除本协议。给受托人造成的损失，委托人应依法承担赔偿责任；

2. 委托人泄露由受托人提供的房屋出卖人的资料，给受托人造成损失的，委托人应按照____________标准支付违约金，违约金不足以弥补委托人损失的，委托人有权要求补充赔偿；

3. 委托人在委托期限内或委托期满六个月内自行与房屋出卖人达成交易的，应按照本协议约定的标准向受托人支付佣金。但双方在本协议第二条中约定为非独家委托，并能证明该项交易与受托人的服务没有直接因果关系的除外；

4. ____。

（二）受托人违约责任

1. 受托人违背执业保密义务，不当泄露委托人商业秘密或个人隐私，给委托人造成损害的，应按照__________标准支付违约金，约定违约金不足以弥补委托人损失的，委托人有权要求补充赔偿；

2. 受托人有隐瞒、虚构信息、违反政府规定或恶意串通等影响委托人利益的行为，委托人除有权解除本协议、要求退还已支付的相关款项外，委托人还应按照__________标准，要求受托人支付违约金；

3. 在委托代办事项中，受托人因工作疏漏，遗失委托人的证件、文件、资料、发票等，应给予相应经济补偿；

4. ____。

第六条　不可抗力

因不可抗力不能按照约定履行本协议的，根据不可抗力的影响，部分或全部免除责任，但因不可抗力不能按照约定履行合同的一方当事人应当及时告知另一方当事人，并自不可抗力事件结束之日起________日内向另一方当事人提供证明。

第七条　协议变更与解除

（一）协议变更

在本协议履行期间，任何一方要求变更本协议条款，应书面通知对方，并经双方协商一致，可达成补充协议。补充协议为本协议的组成部分，与本协议具有同等效力。

（二）协议解除

经双方协商一致，可解除本协议。

第八条　争议处理

本协议在履行中如发生争议，双方应协商解决。协商不能解决的，双方同意按以下第____种方式解决纠纷。

（一）提交北京仲裁委员会仲裁；

（二）任何一方均可向房地产所在地人民法院提起诉讼。

第九条　本协议及附件共______页，一式______份，具有同等法律效力，其中委托人______份，受托人______份，______份。

第十条　其他约定

____。

【委托人】（签章）：

【法定代表人】：

【委托代理人】（签章）：

【受托人】（签章）：

【法定代表人】：

【委托代理人】（签章）：

【备案证明编号】：

【房地产经纪人员】：

【经纪资格证书编号】：

签订时间：________年______月______日

客户服务确认书

委托人：______________________________

委托代理人______________联系方式______________证件号码______________

受托人：______________________________

房地产经纪人______________联系方式______________

受托人根据委托人的要求和期望及《房屋购买委托协议》的规定，经房屋出卖人同意，受托人的房地产经纪人__________将下列房屋推荐给委托人。委托人签订本客户服务确认书时，受托人按照下列时间带委托人（含委托人的代理人、承办人及各关联方）亲自到下列推荐的房屋实地查看并进行了相关居间介绍，且委托人在此确认：在此次看房前，没有其他房地产经纪机构向委托人推荐和查看下表所列房屋，委托人对受托人的居间中介、咨询服务予以签字确认，具体房屋地址如表8－6。

表8－6　房屋地址

带看时间	房屋座落	委托人签名确认	经纪人/助理
年　月　日			
年　月　日			
年　月　日			
年　月　日			
年　月　日			

并同意以下委托条款：

（一）在查看房屋前，委托人应出示有效证件；

（二）佣金支付：

1. 签订房屋买卖合同后，受托人有权按《房屋购买委托协议》约定向委托人收取佣金。

2. 委托人（包括但不限于委托人的承办人及各关联方）如与受托人所曾介绍的房屋出卖人在签订本确认书后的六个月内无论以何种方式及任何价格私下成交，委托人仍应支付受托人全额佣金。

本确认书中“关联方”是指与委托人关系密切的人员，包括配偶、父母、子女。

（三）本确认书一式贰份，甲乙双方各执壹份。甲乙双方如有其他约定事项，可在本条另行约定：

____

____。

（四）委托人在受托人的房地产经纪人陪同察看过上述房屋后，如有不满意之处以及具体的期望和要求可以在本条列出：______________。

受托人将根据委托人的要求和期望尽力为委托人提供满意的服务。

委托人：	受托人：
联系电话：	联系电话：
代理人：	房地产经纪人：
通讯地址：	通讯地址：
联系电话：	联系电话：
日期：200　年　月　日	日期：200　年　月　日

附 3：

BF—2001—1202

北京市房屋出租居间合同示范文本

（试行）

委托人：______________________________

居间人：______________________________

合同编号：____________________________

北京市工商行政管理局

北京市国土资源和房屋管理局

（以上为封皮）

北京市房屋出租居间合同

委托人（甲方）：____

居间人（乙方）：____

依据《中华人民共和国合同法》及相关法规、规章的规定，出租人与房地产经纪机构在平等、自愿的基础上，就房屋出租居间的有关事宜达成协议如下：

第一条　委托事项

甲方委托乙方为其居间出租具备以下条件的房屋（见附件），并协助其与承租人签订房屋租赁合同。

房屋用途：________________________________；对承租人条件的特别要求：________________________________。

乙方还应提供以下服务：________________。

第二条　委托期限

自________年______月______日至________年______月______日。

第三条　现场看房

本合同签订后______日内乙方应到房屋现场对甲方提供的房屋资料进行核实，经核实房屋状况与甲方提供的资料不一致的，乙方应要求甲方对合同进行修改。

乙方陪同承租人现场看房的，甲方应予以配合。因甲方提供的资料与房屋状况不一致造成承租人拒付看房成本费的，甲方应支付全部费用。

第四条　甲方义务

（一）应出示身份证、营业执照、__________________等真实的身份资格证明；

（二）应出示房屋所有权证书或证明自己对出租房屋依法享有出租权利的其他证明；

（三）应保证自己提供的房屋资料真实、合法；

（四）应对乙方的居间活动提供必要的协助与配合；

（五）应对乙方提供的承租人资料保密；

（六）不得在委托期限内及期限届满后______日内与乙方介绍的承租人进行私下交易；

（七）在委托期限内不得将出租房屋同时委托其他房地产经纪机构出租。

第五条 乙方义务

（一）应出示营业执照、房地产经纪机构资质证书等合法的经营资格证明；

（二）应认真完成甲方的委托事项，按照房屋用途和甲方对承租人条件的特别要求寻找承租人，将处理情况及时向甲方如实汇报，并为承租人现场看房及甲方与承租人签订房屋租赁合同提供联络、协助、撮合等服务；

（三）不得提供虚假信息、隐瞒重要事实或与他人恶意串通，损害甲方利益；

（四）收取必要费用、佣金的，应向甲方开具合法、规范的收费票据；

（五）本合同签订后，乙方不得以任何形式向甲方收取任何名目的预收费用。

第六条 佣金

委托事项完成后，甲方应按照实际月租金的______%（此比例不得超过100%）向乙方支付佣金。

佣金应在甲方与承租人签订房屋租赁合同后（即时/______日内）支付。

佣金的支付方式：现金□；支票□；____________________。

委托事项未完成的，乙方不得要求支付佣金。

第七条 费用

委托事项完成的，居间活动的费用由乙方承担。

非因乙方过失导致委托事项未完成的，甲方应向乙方支付必要费用如下：____________
__________。

第八条 转委托

甲方（是/否）允许乙方将委托事项转委托给第三人处理。

第九条 本合同解除的条件

（一）经核实房屋状况与甲方提供的资料不一致，乙方要求甲方对合同进行修改而甲方拒绝修改的，乙方有权解除合同；

（二）甲方没有房屋所有权证书或证明自己对出租房屋依法享有出租权利的其他证明或身份证、营业执照等身份资格证明的，或提供虚假的房屋资料的，乙方有权解除合同，由此造成的乙方一切损失，均由甲方承担。

第十条 违约责任

（一）甲方未如约支付佣金、必要费用的，应按照________的标准支付违约金；

（二）甲方与乙方介绍的承租人进行私下交易的，乙方有权要求甲方按照__________的标准支付违约金，甲方与承租人私下成交的，乙方还有权取得约定的佣金；

（三）甲方违反保密义务的，应按照______________的标准支付违约金；

（四）甲方在委托期限内将出租房屋同时委托其他房地产经纪机构出租的，应按照________的标准支付违约金；

（五）乙方提供虚假信息、隐瞒重要事实或有恶意串通行为的，除退还已收取的佣金外，还应赔偿甲方因此受到的损失。

第十一条 合同争议的解决办法

本合同项下发生的争议，由双方当事人协商或申请调解解决；协商或调解解决不成的，按下列第______种方式解决（以下两种方式只能选择一种）：

（一）提交北京仲裁委员会仲裁；

（二）依法向有管辖权的人民法院起诉。

第十二条　其他约定事项

____。

本合同在双方签字盖章后生效。合同生效后，双方对合同内容的变更或补充应采取书面形式，作为本合同的附件。附件与本合同具有同等的法律效力。

委托人（章）：	居间人（章）：
住所：	住所：
身份证号码：	法定代表人：
营业执照号码：	营业执照号码：
法定代表人：	委托代理人：
委托代理人：	房地产经纪资格证书号码：
电话：	电话：
传真：	传真：
邮政编码：	邮政编码：
	房地产经纪机构资质证书号码：
合同签订时间：	合同签订地点：

附件：房屋基本情况一览表

房屋所有人：________________________________。

房屋坐落：____。

产权证号（其他权属证明）：________________________________。

建筑面积：________________；使用面积：________________。

该楼房总层数：________________；本套房屋层数：________________。

朝向：________________________________。

户型：楼房为______室______厅______卫，平房为______间。

月租金标准：________________；大致租期________________。

装修情况：无装修□、一般装修□、精装修□　具体为：________________。

有线电视接口□；防盗门□；天然气□；煤气□；集中供暖□；土暖气□；热水器□；电话□；空调□；上下水□。

家具清单：____。

电器清单：____。

其他：____。

附 4：

BF—2001—1203

北京市房屋承租居间合同示范文本

（试行）

委托人：______________________________

居间人：______________________________

合同编号：______________________________

北京市工商行政管理局

北京市国土资源和房屋管理局

（以上为封皮）

北京市房屋承租居间合同

委托人（甲方）：____

居间人（乙方）：____

依据《中华人民共和国合同法》及相关法规、规章的规定，承租人与房地产经纪机构在平等、自愿的基础上，就房屋承租居间的有关事宜达成协议如下：

第一条 委托事项

甲方委托乙方为其居间寻找符合以下条件的房屋（必备条件请在方格内划钩，参考条件请划圈，未选条件请划斜线），并协助其与出租人签订房屋租赁合同：

坐落：__________□；楼房为____室____厅____卫□；平房为____间□；无装修□；一般装修□；精装修□；防盗门□；有线电视接口□；空调□；天然气□；煤气□；集中供暖□；土暖气□；热水器□；电话□；电视机□；电冰箱□；洗衣机□；上下水□；家具：______□；楼层：____□；朝向：______□；建筑面积：______平方米□；月租金标准：________元□；大致租期：________□；房屋用途：________□；其他条件：________。

乙方还应提供以下服务：______________________________。

第二条 委托期限

自__________年______月______日至__________年______月______日。

第三条 现场看房

本合同签订后乙方应陪同甲方到房屋现场看房。

陪同看房后，乙方（是/否）可向甲方收取合理的看房成本费，每次不得超过______元。乙方为甲方寻找的房屋不满足甲方提出的必备条件的，甲方有权拒绝支付看房成本费。

第四条 甲方义务

（一）应出示身份证、营业执照、__________等真实的身份资格证明；

（二）应对乙方的居间活动提供必要的协助与配合；

（三）应对乙方提供的房屋资料保密；

（四）不得在委托期限内及期限届满后______日内与乙方介绍的出租人进行私下交易；

______________________________。

第五条 乙方义务

（一）应出示营业执照、房地产经纪机构资质证书等合法的经营资格证明；

（二）应认真完成甲方的委托事项，按照本合同第一条甲方提出的条件为甲方寻找房屋，将处理情况及时向甲方如实汇报，并为甲方看房和与出租人签订房屋租赁合同提供联络、协助、撮合等服务；

（三）应保证为甲方提供的房屋资料已经事先核实，并且甲方满足出租人提出的特别条件要求；

（四）不得提供虚假信息、隐瞒重要事实或与他人恶意串通，损害甲方利益；

（五）应保证为甲方介绍的出租人具有房屋所有权证书或对出租房屋依法享有出租权利的其他证明及身份证、营业执照等身份资格证明；

（六）收取看房成本费、必要费用、佣金的，应向甲方开具合法、规范的收费票据；

（七）本合同签订后，乙方不得以任何形式向甲方收取任何名目的预收费用；________

______________________________________。

第六条 佣金

委托事项完成后，甲方应按照实际月租金的______%（此比例不得超过100%）向乙方支付佣金。

佣金应在甲方与出租人签订房屋租赁合同后（即时/______日内）支付。

佣金的支付方式：现金□；支票□；__________。

委托事项未完成的，乙方不得要求支付佣金。

第七条 费用

委托事项完成的，居间活动的费用由乙方承担，甲方支付的看房成本费抵作佣金。

非因乙方过失导致委托事项未完成的，甲方应向乙方支付必要费用如下（必要费用包含已收取的看房成本费）：______________________。

第八条 转委托

甲方（是/否）允许乙方将委托事项转委托给第三人处理。

第九条 本合同解除的条件

______________________________。

第十条 违约责任

（一）甲方未如约支付佣金、看房成本费、必要费用的，应按照__________的标准支付违约金；

（二）甲方与乙方介绍的出租人进行私下交易的，应按照__________的标准支付违约金，甲方与出租人私下成交的，乙方还有权取得约定的佣金；

（三）甲方违反保密义务的，应按照__________的标准支付违约金；

（四）乙方提供虚假信息、隐瞒重要事实或有恶意串通行为的，除退还已收取的佣金外，还应赔偿甲方因此受到的损失；

（五）乙方为甲方介绍的出租人不具有房屋所有权证书或对出租房屋依法享有出租权利

的其他证明或身份资格证明的，由此造成的甲方一切损失，均由乙方承担；____。

第十一条　合同争议的解决办法

本合同项下发生的争议，由双方当事人协商或申请调解解决；协商或调解解决不成的，按下列第____种方式解决（以下两种方式只能选择一种）：

（一）提交北京仲裁委员会仲裁；

（二）依法向有管辖权的人民法院起诉。

第十二条　其他约定事项

____

____。

本合同在双方签字盖章后生效。合同生效后，双方对合同内容的变更或补充应采取书面形式，作为本合同的附件。附件与本合同具有同等的法律效力。

委托人（章）：

住所：

身份证号码：

营业执照号码：

法定代表人：

委托代理人：

电话：

传真：

邮政编码：

合同签订时间：

居间人（章）：

住所：

法定代表人：

营业执照号码：

委托代理人：

房地产经纪资格证书号码：

电话：

传真：

邮政编码：

房地产经纪机构资质证书号码：

合同签订地点：

任务描述 2－3

二手房经纪业务中的配对和约看。

解决方案

步骤一：与客户核实房源信息。

步骤二：向客户推荐房源。

步骤三：与客户约定看房时间、地点、联络方式。

步骤四：再次确定看房时间和联络方式。

【提示】

推荐房源时，要描述房源的基本特征，介绍优缺点，注意真实性，并最后给出专业观点。配对时，要注意信息的时效性，关注客户的重点需求，尽量提高看房效率。在约看时，要注意提醒双方带好证明文件，约定的时间、地点要准确，同时要根据房源情况、业主取向，选择看房时间，见面时间应提前看房时间 10～15 分钟。

在配对及约看中，要重点防范跳单的发生。

任务描述 2－4

二手房经纪业务中的实地看房、交易撮合、成交签约及款项收支。

解决方案

步骤一：确认自己准确掌握了该房屋的各项信息。

步骤二：准备看房所需的各种资料，包括笔记本、电话、测量工具、照相机、手电筒、名片、鞋套等，选择带看的路线。

步骤三：将客户按照计划的路线带到该房屋，在这个过程中，向客户介绍周边环境及市场配套、学校及交通条件。

步骤四：带领客户查验房屋，在这个过程中，应注意引导客户的视线和思维。

步骤五：看房后，向房主致谢告辞。

步骤六：再次确定客户意向，进行撮合，尽可能让客户第一时间交定金。

步骤七：如果成交，签订租赁合同或购买合同（请注意看提示相关内容，合同文本参见《北京市存量房买卖合同（经纪成交版）》），收支房款或费用，代办过户。

【提示】

实地看房重要的是要让双方都认可经纪人员的专业水平，同时，经纪人员应保持客观公正的立场。现场查勘房源需要关注的重点要素一般有照明、噪音、装修、格局等。应引导客户注意看看房屋的组成部分，包括客厅、厨房、卫生间、阳台等。

房地产经纪人的撮合是房地产交易顺利达成的重要因素。房地产经纪人员的撮合理由可以有：房源紧缺、位置与交通优势、配套设施优势、周边环境优势、价格优势等等。但注意不要编造不实情况。

租赁合同签约和买卖合同签约的程序及注意事项不尽相同，要注意分别。

房款及费用收支包括房款及中介佣金、二手房交易税费、按揭所需费用等。对不同产权性质的二手房，这些费用尤其是二手房交易税费不尽一致，注意区别。

北京市的房地产经纪人员重要提示：根据北京市建设委员会《关于全面推行存量房买卖合同网上签约有关问题的通知》（京建交［2008］628号）的相关规定，自2008年10月15日起，我市已取得房屋所有权证的存量房进行买卖的，当事人在申请转移登记前均需进行存量房买卖合同网上签约（www. bjfdc. gov. cn）。

另外根据《关于房地产经纪机构居间、代理存量房买卖办理合同网上签约有关问题的补充通知》（京中介［2008］006号）房地产经纪机构居间存量房买卖（含代办转移登记手续）的，由房地产经纪机构为买卖双方提供网上签约服务。房地产经纪机构操作人员将房屋所有权证、身份证件和买卖双方约定的内容等合同信息在网签系统中进行录入，录入完毕并上传经纪合同后，打印买卖合同文本、《转移登记申请书》，同时打印《存量房买卖合同信息表（纳税）》。房地产经纪机构不代办转移登记手续的，还应向当事人提供《办理转移登记服务指南》（见图8－3）。

附：北京市存量房屋买卖合同

BF——2007——0129　　　　　　　　合同编号：C

北京市存量房屋买卖合同

（经纪成交版）

出卖人：

买受人：

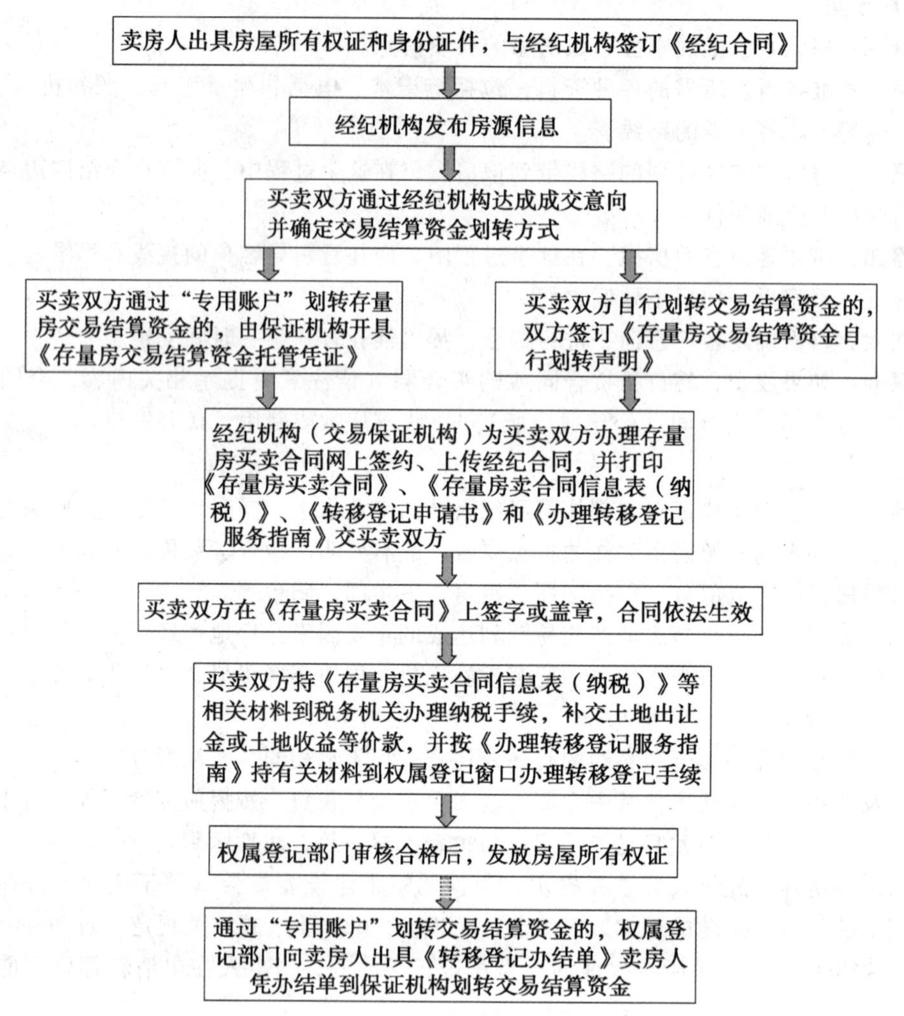

图 8－3　存量房经纪成交网上签约及办理转移登记流程

北京市建设委员会

北京市工商行政管理局

二〇〇七年十二月修订

说　明

1. 本合同文本为示范文本，由北京市建设委员会和北京市工商行政管理局共同制定，适用于本市行政区域内国有土地上的存量房买卖。存量房，即二手房，是指通过办理转移登记取得房屋所有权证的房屋。

2. 签订本合同前，出卖人应当向买受人出示房屋所有权证及其他有关证书和证明文件。

3. 签订本合同前，双方当事人应当仔细阅读合同条款，特别是其中具有选择性、补充性、填充性、修改性的内容。本合同文本【　】中选择内容、空格部位填写及其他需要删除或添加的内容，双方当事人应当协商确定。【　】中选择内容，以划“√”方式选定；对于实际情况未发生或双方当事人不作约定时，应当在空格部位打“×”，以示删除。

4. 双方当事人应当按照自愿、公平及诚实信用的原则订立合同，任何一方不得将自己的意志强加给另一方。为体现双方自愿的原则，本合同文本相关条款后留有空白行，供当事人自行约定或补充约定。合同生效后，未被修改的文本打印文字视为双方当事人同意内容。

5. 通过房地产经纪机构提供居间或代理服务达成交易的，所签订的《房屋出售委托协议》、《房屋购买委托协议》应当作为本合同的附件；通过设立“专用账户”的房地产经纪机构或交易保证机构划转交易结算资金的，所签订的《存量房交易结算资金划转协议》也应当作为本合同的附件。

6. 存量房屋所有权转移登记时所涉及的主要税费包括但不限于：契税、印花税、土地出让金（已购公有住房有此项）、综合地价款（经济适用住房有此项）、营业税及附加、所得税、土地增值税等。

7. 双方当事人选择申请仲裁解决争议的，可以向北京仲裁委员会、中国国际经济贸易仲裁委员会或注明全称的其他仲裁委员会申请。

8. 双方当事人可以根据实际情况决定本合同原件的份数，并在签订合同时认真核对，以确保各份合同内容一致。

北京市存量房屋买卖合同

出卖人：________________________

【法定代表人】【负责人】：____________国籍：____________

【身份证】【护照】【营业执照注册号】【　】：____________

出生日期：________年______月______日，性别：______

通讯地址：________________________

邮政编码：__________联系电话：____________

【法定代理人】【委托代理人】：____________国籍：____________

【身份证】【护照】【　】：____________

通讯地址：________________________

邮政编码：__________联系电话：____________

共有权人：____________________

【法定代表人】【负责人】：____________国籍：____________

【身份证】【护照】【营业执照注册号】【　】：____________

出生日期：________年______月______日，性别：______

通讯地址：________________________

邮政编码：__________联系电话：____________

【法定代理人】【委托代理人】：____________国籍：____________

【身份证】【护照】【营业执照注册号】【　】：____________

通讯地址：________________________

邮政编码：__________联系电话：____________

买受人：________________________

【法定代表人】【负责人】：____________国籍：____________

【身份证】【护照】【营业执照注册号】【 】：______________________

出生日期：________年______月______日，性别：________

通讯地址：______________________________________

邮政编码：____________联系电话：____________

【法定代理人】【委托代理人】：______________国籍：______________

【身份证】【护照】【 】：______________________________

通讯地址：______________________________________

邮政编码：____________联系电话：____________

根据《中华人民共和国合同法》、《中华人民共和国城市房地产管理法》、《北京市城市房地产转让管理办法》及其他有关法律、法规的规定，出卖人和买受人在平等、自愿、公平、协商一致的基础上就存量房屋买卖事宜达成如下协议：

第一条 房屋基本情况

（一）出卖人所售房屋（以下简称该房屋）为【楼房】【平房】，坐落为：________【区（县）】____________________【小区（街道）】______【幢】【座】【号（楼）】______单元______号（室）。该房屋所在楼栋建筑总层数为：______层，其中地上______层，地下______层。该房屋所在楼层为______层，建筑面积共________ m²。

（二）该房屋规划设计用途为【住宅】【公寓】【别墅】【办公】【商业】【工业】【 】：__________。

该房屋附属设施设备、装饰装修、相关物品清单等具体情况见附件一。

第二条 房屋权属情况

（一）该房屋所有权证证号为：____________，共有权证证号为：______________，填发单位为：______________。

房屋共有权人对出售该房屋的意见见附件二。

（二）土地使用状况

该房屋占用的国有土地使用权以【出让】【划拨】【 】方式获得。土地使用权证号为：____________，填发单位为：______________。

（三）该房屋性质为下列选项中第______种情形。

1. 商品房；

2. 已购公有住房（若为中央在京单位已购公有住房，《中央在京单位已购公房上市出售登记表》表号：______________）；

3. 向社会公开销售的经济适用住房；

4. 按经济适用住房管理的房屋（危改回迁房、安居房、康居房、绿化隔离地区农民回迁房等房屋）；

5. 其他房屋。

（四）该房屋的抵押情况为：____________。

1. 该房屋未设定抵押；

2. 该房屋已经设定抵押，抵押权人为：______________，抵押登记日期为：________年______月______日，他项权利证证号为：______________。

该房屋已经设定抵押的，出卖人应于________年______月______日前办理抵押注销手续。

（五）该房屋的租赁情况为：________。

1. 出卖人未将该房屋出租。

2. 出卖人已将该房屋出租，【买受人为该房屋承租人】【承租人已放弃优先购买权】。

关于房屋权属情况的说明及房屋抵押和租赁情况的具体约定见附件三。

第三条　出卖人与买受人通过下列第____、____、____种方式达成交易（可多选）。

1. 出卖人和买受人通过房地产经纪机构居间介绍成交（房地产经纪机构名称：________，备案证明编号：________，房地产经纪执业人员姓名：________，资格证书编号：________）；

2. 出卖人委托房地产经纪机构代理达成交易（房地产经纪机构名称：________，备案证明编号：________，房地产经纪执业人员姓名：________，资格证书编号：________）；

3. 买受人委托房地产经纪机构代理达成交易（房地产经纪机构名称：________，备案证明编号：________，房地产经纪执业人员姓名：________，资格证书编号：________）。

《房屋出售委托协议》、《房屋购买委托协议》见附件四。

第四条　成交价格、付款方式及资金划转方式

（一）经买卖双方协商一致，该房屋成交价格为：人民币________元（小写），________元整（大写）。

该房屋附属设施设备、装饰装修等的有关价格另有约定的，具体约定见附件一。

（二）买受人采取下列第________种方式付款，具体付款方式及期限的约定见附件四。

1. 自行交割，买卖双方签订的《存量房交易结算资金自行划转声明》见附件六。

2. 通过存量房交易结算资金专用存款账户划转，买卖双方签订的《存量房交易结算资金划转协议》见附件五。

（1）买受人【是】【否】向出卖人支付定金，定金金额为人民币____（小写），____（大写，不高于成交价格的20%），定金支付方式为____【直接支付给出卖人】【存入专用账户划转】。

（2）买受人应将房价款人民币________元（小写），________元整（大写）存入双方共同委托的________（备案的房地产经纪机构或交易保证机构）在________银行设立的存量房交易结算资金专用存款账户（以下简称“专用账户”，定金约定直接支付给出卖人的除外），账号为________。买受人取得房屋所有权证书后，出卖人持房屋权属登记部门出具的《转移登记办结单》到备案的房地产经纪机构或交易保证机构按照《存量房交易结算资金划转协议》的约定办理资金划转手续。

（三）关于贷款的约定

买受人向【________银行】【公积金管理中心】申办抵押贷款，拟贷款金额为人民币________元（小写），________元整（大写）。买受人因自身原因未获得银行或公积金管理中心批准的，双方同意按照第________种方式解决：

（1）买受人自行筹齐剩余房价款，以现金形式支付给出卖人；

（2）买受人继续申请其他银行贷款，至贷款批准，其间产生的费用由买受人自行负担；

（3）本合同终止，买受人支付的定金和房价款应如数返还，双方互不承担违约责任，在申办贷款过程中发生的各项费用由买受人承担。

第五条 房屋产权及具体状况的承诺

出卖人应当保证该房屋没有产权纠纷，因出卖人原因造成该房屋不能办理产权登记或发生债权债务纠纷的，由出卖人承担相应责任。

出卖人应当保证已如实陈述该房屋权属状况、附属设施设备、装饰装修情况和相关关系，附件一所列的该房屋附属设施设备及其装饰装修随同该房屋一并转让给买受人，买受人对出卖人出售的该房屋具体状况充分了解，自愿买受该房屋。

出卖人应当保证自本合同签订之日起至该房屋验收交接完成，对已纳入附件一的各项房屋附属设施设备及其装饰装修保持良好的状况。

在房屋交付日以前发生的【物业管理费】【供暖】【水】【电】【燃气】【有线电视】【电信】【 】：____________________费用由出卖人承担，交付日以后（含当日）发生的费用由买受人承担。出卖人同意将其缴纳的该房屋专项维修资金（公共维修基金）的账面余额转移给买受人。

第六条 房屋的交付

出卖人应当在____________（约定时间或约定条件）前将该房屋交付给买受人。该房屋交付时，应当履行下列第______、______、______、______、______、______项手续：

1. 出卖人与买受人共同对该房屋附属设施设备、装饰装修、相关物品清单等具体情况进行验收，记录水、电、气表的读数，并交接该附件一中所列物品；

2. 买卖双方在房屋附属设施设备、装饰装修、相关物品清单上签字；

3. 移交该房屋房门钥匙；

4. ____；

5. ____；

6. ____。

第七条 违约责任

（一）逾期交房责任

除不可抗力外，出卖人未按照第六条约定的期限和条件将该房屋交付买受人的，按照下列第______种方式处理。

1. 按照逾期时间，分别处理［（1）和（2）不作累加］。

（1）逾期在______日之内，自第六条约定的交付期限届满之次日起至实际交付之日止，出卖人按日计算向买受人支付已交付房价款万分之______的违约金，并于该房屋实际交付之日起______日内向买受人支付违约金，合同继续履行；

（2）逾期超过______日［该日期应当与第（1）项中的日期相同］后，买受人有权退房。买受人退房的，出卖人应当自退房通知送达之日起______日内退还全部已付款，并按照买受人全部已付款的______%向买受人支付违约金。

2. ____。

（二）逾期付款责任

买受人未按照附件五约定的时间付款的，按照下列第______种方式处理。

1. 按照逾期时间，分别处理［（1）和（2）不作累加］。

（1）逾期在______日之内，自约定的应付款期限届满之次日起至实际支付应付款之日止，买受人按日计算向出卖人支付逾期应付款万分之______的违约金，并于实际支付应付款之日起______日内向出卖人支付违约金，合同继续履行；

（2）逾期超过______日［该日期应当与第（1）项中的日期相同］后，出卖人有权解除合同。出卖人解除合同的，买受人应当自解除合同通知送达之日起______日内按照累计的逾期应付款的______%向出卖人支付违约金，并由出卖人退还买受人全部已付款。

2. ____。

第八条　出卖人将该房屋出卖给第三人，导致买受人不能取得房屋所有权证的，买受人有权退房，出卖人应当自退房通知送达之日起______日内退还买受人全部已付款，按照________利率付给利息，并按买受人累计已付房价款的一倍支付违约金。

第九条　税、费相关规定

本合同履行过程中，买卖双方应按照国家及北京市的相关规定缴纳各项税、费，买卖双方承担税费的具体约定见附件七。因一方不按法律、法规规定缴纳相关税费导致交易不能继续进行的，其应当向对方支付相当于房价款______%的违约金。

本合同履行过程中因政策原因须缴纳新的税费的，由政策规定的缴纳方缴纳；政策中未明确缴纳方的，由【出卖人】【买受人】缴纳。

第十条　权属转移登记

（一）当事人双方同意，自本合同签订之日起______日内，双方共同向房屋权属登记部门申请办理房屋权属转移登记手续。

（二）买受人未能在__________（约定时间或约定条件）内取得房屋所有权证书的，双方同意按照下列方式处理。

1. 如因出卖人的责任，买受人有权退房。买受人退房的，出卖人应当自退房通知送达之日起______日内退还买受人全部已付款，并按照__________利率付给利息。买受人不退房的，自买受人应当取得房屋所有权证书的期限届满之次日起至实际取得房屋所有权证书之日止，出卖人按日计算向买受人支付全部已付款万分之______的违约金，并于买受人实际取得房屋所有权证书之日起______日内向买受人支付。

2. ____。

（三）出卖人应当在该房屋所有权转移之日起______日内，向房屋所在地的户籍管理机关办理完成原有户口迁出手续。如因出卖人自身原因未如期将与本房屋相关的户口迁出的，应当向买受人支付__________元的违约金；逾期超过______日未迁出的，自期限届满之次日起，出卖人应当按日计算向买受人支付全部已付款万分之______的违约金。

第十一条　不可抗力

因不可抗力不能按照约定履行本合同的，根据不可抗力的影响，部分或全部免除责任，但因不可抗力不能按照约定履行合同的一方当事人应当及时告知另一方当事人，并自不可抗力事件结束之日起____日内向另一方当事人提供证明。

上述房屋风险责任自该房屋【所有权转移】【转移占有】之日起转移给买受人。

第十二条　争议解决方式

本合同项下发生的争议，由双方协商解决；协商不成的，按照下列第______种方式解决。

（一）依法向房屋所在地人民法院起诉；

（二）提交__________________仲裁委员会仲裁。

第十三条 本合同自双方签字（盖章）之日起生效。双方可以根据具体情况对本合同中未约定、约定不明或不适用的内容签订书面补充协议进行变更或补充。对本合同的解除，应当采用书面形式。本合同附件及补充协议与本合同具有同等法律效力。

第十四条 本合同及附件共____页，一式____份，具有同等法律效力，其中出卖人____份；买受人____份；双方办理转移登记时，应向房屋权属登记部门提交主合同一份，附件二、附件三有实际约定内容的，需一并提交。

出卖人（签章）：　　　　　　　　　　买受人（签章）：

【法定代表人】：　　　　　　　　　　【法定代表人】：

【委托代理人】（签章）：　　　　　　【委托代理人】（签章）：

签订时间：________年____月____日　　签订时间：________年____月____日

签订地点：　　　　　　　　　　　　　签订地点：

附件一　房屋附属设施设备、装饰装修、相关物品清单等具体情况

（一）房屋附属设施设备

1. 供水：【自来水】【矿泉水】【热水】【中水】【　】：____________

2. 供电：【220V】【380V】【可负荷____________KW】【　】：____________

3. 供燃气：【天然气】【煤气】【　】：____________________

4. 外供暖气：【汽暖】【水暖】【供暖周期】【　】：____________________

5. 自备采暖：【电暖】【燃气采暖】【燃煤采暖】【　】：____________________

6. 空调：【中央空调】【自装柜机______台】【自装挂机______台】【　】：__________

7. 电视馈线：【无线】【有线（数字、模拟）】【　】：____________________

8. 电话：【外线号码__________】【内线号码__________】【　】：________

9. 互联网接入方式：【拨号】【宽带】【ADSL】【　】：__________________

10. 其他：

（二）房屋家具、电器、用品情况

1. 双人床：

2. 单人床：

3. 床头柜：

4. 梳妆台：

5. 衣柜：

6. 书柜：

7. 写字台：

8. 沙发：

9. 茶几：

10. 椅子：

11. 餐桌：

12. 电视柜：
13. 电视：
14. 冰箱：
15. 洗衣机：
16. 热水器：
17. 空调：
18. 燃气灶：
19. 排油烟机：
20. 饮水机：
21. 电话机：
22. 吸尘器：
23. 其他。

（三）房屋配套物品

1. 【房屋钥匙】【单元门钥匙（或磁卡）】【信箱钥匙】【水门钥匙】【电门钥匙】【暖门钥匙】【燃气门钥匙】【 】【 】；

2. 【《住宅使用说明书》及《住宅质量保证书》】、【《家装装修施工合同》及装修材料的发票】；

3. 【水IC卡】【电IC卡】【气IC卡】；

4. 【有线电视交费凭证】【电话交费凭证】【ADSL（上网）交费凭证】；

5. ______________________________。

（四）装修装饰情况（略）

（五）关于该房屋附属设施设备、装饰装修等的有关价格的具体约定（略）

（六）该房屋所在楼栋【已完成节能改造】【未进行节能改造】【 】

附件二 房屋共有权人对出售该房屋的意见（略）

附件三 房屋权属情况的说明及房屋抵押和租赁情况的约定（略）

附件四 《房屋出售委托协议》和《房屋购买委托协议》（略）

附件五 付款方式及期限的具体约定（略）

附件六 《存量房交易结算资金划转协议》或《存量房交易结算资金自行划转声明》

附件七 买卖双方承担税费的具体约定

1. 出卖人承担的税费为：【所得税】【营业税】【教育费附加】【城市维护建设税】【土地增值税】【印花税】【综合地价款】【 】。

2. 买受人承担的税费为：【契税】【印花税】【土地出让金或土地收益】【 】。

附件八 补充协议及其他约定

任务描述2－5

物业交验及后续服务。

解决方案

步骤一：设计物业交验表格备用，表8－6是某房地产经纪公司的租赁住宅房屋交验单，请参照。

表 8－7 住宅房屋交验单

<table>
<tr><td colspan="3">出租方：</td><td>承租方：</td></tr>
<tr><td colspan="4">房屋地址：</td></tr>
<tr><td colspan="4">房屋状况</td></tr>
<tr><td rowspan="2">抄表</td><td colspan="2">水表：</td><td>电表：</td></tr>
<tr><td colspan="2">电话费：</td><td>有线电视费及其他费用说明：</td></tr>
<tr><td>交接</td><td colspan="2">钥匙：</td><td>其他必须交接的事项：</td></tr>
<tr><td colspan="2">固定设备情况</td><td colspan="2"></td></tr>
<tr><td colspan="4">备注：</td></tr>
<tr><td colspan="3">出租方确认：</td><td>承租方确认：</td></tr>
<tr><td colspan="4">日期：</td></tr>
</table>

步骤二：协助双方进行电费、水费、燃气、室内设施和用品的检验和交接。

步骤三：后续服务。

经纪人应进行服务跟踪调查。

【提示】

在买卖业务物业交验中，应注意以下几点：

1. 水表账单是否结清；
2. 电表使用是否正常；
3. 协助双方进行煤气过户；
4. 结清电话费；
5. 协助有限电视过户；
6. 结算维修基金、物业费用等；
7. 附属设施：其中比较容易被忽视的是下水道堵塞和墙面渗水等问题，应注意提醒；
8. 迁移户口。经纪人应提醒卖方在房屋交接日前将户口迁出。

课堂训练

1. 一个有效的房源信息，应包括(　　)、房屋状况、放盘要素等基本要素。

A. 权属状况　　B. 房屋质量

C. 市场价格　　D. 业主信息

2. 从房源所包括的各项指标来看，它不仅有物理属性、法律属性，还有非常关键的(　　)。

A. 物质属性　　B. 心理属性

C. 权利属性　　D. 社会属性

3. (　　)是小业主房源开拓方法。

A. 报纸广告　　B. 路牌广告

C. 派发宣传单　　D. 电话访问

E. 向其他公司购买

4. 对于大业主，房地产经纪公司一般要采用(　　)的方式去获得其房源。

A. “主动出击”　　B. “被动等待”

C. “守株待兔”　　D. 欺骗

5. (　　)是指符合或低于市场价格、极易成交的房源。

A. 笋盘　　B. 套盘

C. 新盘　　D. 散盘

6. 客源是指(　　)。

A. 卖方　　B. 买方

C. 交易的促成方　　D. 交易的管理方

7. 下列属于开拓客源的途径的是(　　)。

A. 门店　　B. 广告

C. 人际网络　　D. 客户介绍

E. 主动上门

8. 一般来说，客源档案资料应包括(　　)资料。

A. 基础资料　　B. 需求状况

C. 个人经历　　D. 居住情况

E. 交易记录

9. 客户的需求越(　　)，就越容易将潜在客户变成现实客户。

A. 明确　　B. 模糊

C. 复杂　　D. 简单

10. 王先生有一处已出租的住房欲出售，委托新兴房经纪公司居间销售，双方签订了《居间合同》。试分析：

(1) 房地产经纪人接到正式委托后，应在第一时间(　　)。

A. 现场戡察物业

B. 核实房地产产权的合法性、完整性、真实性和有效性

C. 进行市场推广宣传

D. 寻找客户

(2) 由于该房产属于已出租房产，经纪人必须(　　)。

A. 向购买方介绍清楚，在同等条件下，承租方有优先购买权

B. 应提前一个月通知承租方，征求其意见

C. 告知承租方，如放弃购买，则租赁关系终止

D. 要求出售方（王先生）与承租人协商处理善后事宜，办理转让当日前结算租金

(3) 如果有一位张先生看中此房欲购买，并与此经纪机构签署了认购合同，则(　　)。

A. 张先生必须立即交付定金

B. 定金可由购房客户（张先生）直接交给业主（王先生）

C. 定金也可由经纪机构代收，由客户发出付款委托书，再发放给业主

D. 此时，房地产产权证原件仍在业主手中

课后训练

1. 模拟进行房源信息的登记。

（1）教师指定房源，要求学生进行房源信息的勘察登记工作。

（2）要求学生将房源信息进行电脑录入工作。

（3）要求学生将录入的房源信息进行归类存放。

2. 模拟记录客源信息。

（1）学生分角色模拟，要求学生进行客源信息的登记工作。

（2）要求学生将客源信息进行电脑录入工作。

（3）要求学生将录入的客源信息进行归类存放。

3. 由教师给出某在售楼盘的具体信息，要求学生模拟进行销售前准备。

（1）学生分组，每3—4人一组。

（2）编制相关的表格。

（3）确定需要准备的资料。

4. 由教师给出某二手房的具体信息，要求学生模拟填写该二手房买卖合同。

5. 模拟经纪机构的工作人员进行住宅房屋居间业务中的勘察评估工作。

（1）设备、资料等的准备

①准备可能需要的相关“硬件”，比如照相机、笔记本、笔、房源勘察表等。

②准备房屋相关的资料，比如委托人报出的房源信息、小区信息等。

（2）勘察评估的技巧

①有序工作，即一般先查看房屋的产权状况、然后考察房屋的基本情况、之后考察周边环境和相关配套，最后了解房屋的历史与邻居等。

②在考察房屋的情况时，一定要多看、多问、多记录。

③如果发生疑问，记录疑点。

6. 通过网络、杂志、报刊等搜集当前当地的二手房买卖的税费政策相关规定。

（1）列出政策规定的具体名称，实施时间以及主要内容。

（2）标明资料来源。